어둔 시대 빛난 별, 에스더

류영모 지음

어두운 밤은 별이 더욱 빛나는 시간입니다.

이는 인생사도, 세상사도 마찬가지입니다.

세상이 어둡게만 느껴질 때

우리는 더욱 밝게 나타나실 하나님을 기대합니다.

ESTHER

머리말

'위기'라는 말은 위험이 곧 기회일 수 있다는 말입니다. 어두운 밤은 별이 더욱 빛나는 시간입니다. 이는 인생사도, 세상사도 마찬가지입니다. 세상이 어둡게만 느껴질 때 우리는 더욱 밝게 나타나실 하나님을 기대합니다.

에스더서는 포로로 끌려가 돌아오지 못하고 그 땅에서 살던 이스라엘 민족이 역사의 캄캄한 밤을 통과하고 구원받은 일을 감사하는 절기, 부림절의 기원이 되는 책입니다. 이때 들어 쓰신 인물은 위기의 시대 빛난 별, 에스더입니다. '에스더'라는 이름의 뜻은 'star', '별'입니다.

에스더서에는 비록 '하나님'이란 단어가 한 번도 나타나지 않지만, 믿음의 눈을 열고 들여다보면 매 사건마다 하나님이 밝게 보이는 책입니다. 매 장, 매 절마다 하나님의 숨결을 느낄 수 있는 책, 하나님의 향취가 진동하는 책, 역사 저 뒤편에서 움직이시는 거대한 하나님의 손길을 볼 수 있는 책입니다.

2018년은 우리 민족사의 어두운 물결들이 소용돌이쳤던 많은 역사를 기억하게 하는 한 해였습니다. 1938년 9월 일제 신사참배의 치욕을 상기하는 80번째 해입니다. 1948년 8월 남쪽에서는 대한민국 정부가 수립되고, 북쪽에서는 1948년 9월에 북한 정부가 수립되어 남북이 고착화된 비극의 역사 70주년이 되는 해입니다.

1958년 북한의 교회들이 불타고, 북한의 성도들이 지하로 사라진 지 60년이 되는 해입니다.

이처럼 어두운 시대 세계 유일의 분단국가, 분단의 도 한복판 평창에서 평화의 축제 올림픽 기간 중 남북미 세 나라의 만남을 바라보며 저는 에스더서를 읽었습니다. 에스더서의 안경을 쓰고 한국교회의 자랑, 빛, 희망-3.1운동 100주년이 되는 2019년을 내다보고 있었습니다. 오늘 우리 시대 어두운 그림자들을 읽어 내고 있었습니다. 이 몸부림 가득했던 시간들이 모아져 한 권의 책 『어둔 시대 빛난 별, 에스더』가 되었습니다.

저는 지금 에스더를 통하여 우리 시대의 밝은 별을 봅니다. 대한민국의 빛을 봅니다. 한국교회의 희망을 봅니다. 한국교회는 위기의 시대마다 언제나 희망이요, 빛이었습니다. 역사의 스타요, 별이요, 에스더였습니다. 어둔 시대마다 빛났던 별 한국교회여, 다시 일어나라! 위기의 시대마다 새 힘을 냈던 한국이여, 다시 힘을 내라! 한국교회 그리스도인, 당신은 어둔 시대 빛나는 별, 에스더니라!

평화통일이 보이는 땅
통일동산 밑에서

저자 류영모 목사

목차

1장. 위기의 시대 떠오르는 별 / 8

2장. 하나님의 간섭 / 26

3장. 상처 입은 치유자 / 46

4장. 우연입니까? / 66

5장. 모르드개여, 무릎 꿇지 마라 / 82

6장. 내 민족을 내게 주소서 / 104

7장. 눈물의 기도가 있는 곳, 거기 하나님이 계신다 / 128

8장. 이겨 놓고 싸운다 / 148

9장. 하나님이 움직이기 시작하시면 / 168

10장. 끝이 있음을 알았더라면 / 188

11장. 믿음이 있는 곳에 기적이 있다 / 210

12장. 왕의 반지를 가진 사람들 / 232

13장. 승리를 즐기는 사람들 / 254

14장. 잊지 마라! 고난의 그 역사 / 276

ESTHER

1장 /

위기의 시대

떠오르는 별

에스더 1 : 1~8

¹ 이 일은 아하수에로 왕 때에 있었던 일이니 아하수에로는 인도로부터 구스까지 백이십칠 지방을 다스리는 왕이라 ² 당시에 아하수에로 왕이 수산 궁에서 즉위하고 ³ 왕위에 있은 지 제삼년에 그의 모든 지방관과 신하들을 위하여 잔치를 베푸니 바사와 메대의 장수와 각 지방의 귀족과 지방관들이 다 왕 앞에 있는지라 ⁴ 왕이 여러 날 곧 백팔십 일 동안에 그의 영화로운 나라의 부함과 위엄의 혁혁함을 나타내니라 ⁵ 이날이 지나매 왕이 또 도성 수산에 있는 귀천간의 백성을 위하여 왕궁 후원 뜰에서 칠 일 동안 잔치를 베풀새 ⁶ 백색, 녹색, 청색 휘장을 자색 가는 베 줄로 대리석 기둥 은고리에 매고 금과 은으로 만든 걸상을 화반석, 백석, 운모석, 흑석을 깐 땅에 진설하고 ⁷ 금 잔으로 마시게 하니 잔의 모양이 각기 다르고 왕이 풍부하였으므로 어주가 한이 없으며 ⁸ 마시는 것도 법도가 있어 사람으로 억지로 하지 않게 하니 이는 왕이 모든 궁내 관리에게 명령하여 각 사람이 마음대로 하게 함이더라

1.
은혜의 70년

2018 평창 동계올림픽을 계기로 한반도에 평화의 분위기가 만들어지고 있는 이때에, 이것이 우리 민족에게 기회가 될 것인지, 아니면 더 큰 위기가 될 것인지는 우리가 어떻게 기도하고 또 어떻게 준비하느냐에 따라 달라질 수 있다는 생각을 하게 됩니다.

지난 1948년에는 여러 가지 일들이 있었습니다. 2천 년 동안 나라 없이 떠돌던 이스라엘이 독립하는가 하면, 우리 조국은 남과 북으로 분단되는 아픔을 겪게 되었습니다. 당시에 어떻게든 빨리 통일이 되어야 한다는 생각으로 온갖 애를 썼던 수많은 사람들의 기도와 노력에도 불구하고, 남한은 독자적으로 대한민국 헌법을 선포하고 정부를 수립하게 됩니다. 곧이어 북한에도 공산 정권이 들어서서 헌법을 선포하고 북한 정부가 세워지게 되어 남북한의 분단이 고착화되었습니다.

그리고 2018년은 그로부터 70년이 되는 해입니다. 예레미야는 이스라엘이 바벨론의 포로가 되었다가 70년이 차면 하나님의 은혜로 해방될 거라고 예언했고, 다니엘은 예레미야의 예언을 다시 한 번 받아서 선포하며 기도했습니다. 그들의 기도처럼 어쩌면 우리의 기도를 통해서도 평양과 평창이 만나는 일들이 가능할 수 있겠다는 생각을 하게 되었습니다.

강원도는 분단의 도입니다. 2010년도에 이곳에 동계올림픽을 유치하고자 했지만, 보기 좋게 그 꿈이 깨졌습니다. 2014년도에는 엄청나게 준비를 했습니다. 그리고 1차 투표에서 1등을 했지만, 유치는 실패했습니다. 드디어 2018년 세 번째 도전에서 동계올림픽을 유치하게 되었습니다. 분단 고착화 70주년에 분단의 도에서 평화 올림픽이 이루어진 것입니다. 그런데 동계올림픽을 잘 치르고 나니 이 모든 것이 결코 우연이 아니라, 하나님의 역사하심이 여기에 있었다는 생각을 하게 됩니다.

동계올림픽이 시작되기 전, 우리나라에는 위기감이 감돌았습니다. 심지어 외국에 있는 친구들이 전화해서 "아직 괜찮아? 오늘도 괜찮아?" 묻습니다. 아마도 외국에서는 우리나라에서 전쟁이 일어나는 줄 알았나 봅니다.

2018년 1월 1일에 김정은은 연두 기자회견에서 한마디 말을 던졌습니다. 올림픽에 대해서 긍정적으로 말하고, 자기들이 참여할 수도 있겠다는 암시를 던진 것입니다. 그러면서 순식간에 남북 간에 평화 분위기가 조성되더니, 평화롭게 올림픽을 마치게 되었습니다.

머지않아 남북정상회담, 북미정상회담이 예견된 상황 속에서, 나라를 위하여 기도하는 가운데 '너는 혼자 골방에서 시간을 정하여 기도하라'는 감동이 있었습니다. 그리고 기도하는 가운데 '이것은 혼자 할 일이 아니다. 우선 우리 교회에서 기도회를 시작하자. 구국 기도회를! 옛날 믿음의 선진들이 산에 올라서 기도했던, 새벽에 엎드려 기도했던, 골방에서 기도했던 믿음을 이어 가야겠다. 나라를 살려 달라고, 이 백성을 지켜 달라고 기도했던, 이 나라가 아버지의 나라가 되게 해 달라고 기도했던 선진들의 믿음을 이어 가야겠다.'는 생각을 하게 되었습니다. 그래서 세이레 동안 특별새벽기도회를 가지게 된 것입니다.

특별새벽기도회의 말씀으로 어떤 책을 선택할까 고민하며, 신구약성경을 넘기면서 기도하고 있었습니다. 그때 이 책 에스더서를 붙잡게 되었습니다. 목회를 한 지 40년이 더 되었는데도 에스더서를 통째로 강해해 본 적이 없습니다. 사실 에스더서는 이슈 한두 개를 붙들어서 설교하기에는 좋은 본문이지만, 통째로 강해하고 설교한다는 것은 쉬운 일이 아닙니다. 그러나 이 책을 통해서 우리에게 주실 메시지, 곧 하나님의 말씀을 들어 보자 결단하고 에스더서를 붙들게 되었습니다.

구약성경은 크게 역사서, 성문서, 예언서 세 부분으로 구성되어 있습니다. 역사서는 창세기로 시작하여 출애굽기, 레위기, 민수기, 신명기, 여호수아, 사사기, 룻기, 사무엘상하, 열왕기상하, 역대상하, 에스라, 느헤미야, 에스더까지 모두 17권입니다. 역사서 마지막에 위치한 책이 에스더서입니다.

이스라엘 역사를 살펴보면, 사사가 통치하던 시대를 마무리하면서 이스라엘은 왕정국가로 새롭게 시작됩니다. 초대 왕은 사울입니다. 그리고 주변 나라들을 정리하고 통일왕국을 이루는 왕은 다윗입니다. 그리고 그의 아들 솔로몬 때에 절정에 이르게 됩니다. 그러나 솔로몬의 아들 시대에 남쪽 유다와 북쪽 이스라엘로 분열됩니다. 북쪽 이스라엘은 앗수르에게, 그리고 남쪽 유다는 바벨론에게 멸망당하게 됩니다.

그렇게 포로가 된 지 10년이 지나고 20년이 지나더니, 어느덧 50년이 지났습니다. 이스라엘 백성들은 노동현장에 끌려가 모진 고난을 겪다가, 쉬는 시간이 되면 버드나무 숲속에 앉아 찬양했습니다. 그러다가 거문고를 버드나무에 걸어 놓고, 이 나라를 살려 달라고 목 놓아 울며 기도했습니다(시 137편).

하나님께서는 예레미야 선지자를 통하여 70년이 지나면 다시 돌아오게 될 것을 말씀해 주셨습니다. 후에 다니엘도 똑같은 예언을 했습니다. 그리고 때마침 페르시아 왕국이 등장하면서 고레스 왕에 의하여 이스라엘은 본국으로 돌아오게 됩니다. 1차, 2차, 3차에 걸친 귀환 행렬이 있었습니다. 그때 스룹바벨, 에스라, 느헤미야가 일어나게 됩니다. 그 회복의 시대를 담고 있는 역사서로는 에스라, 느헤미야, 에스더가 있습니다.

에스더서는 바벨론에 포로로 끌려갔던 이스라엘 백성들이 제1차로 귀환(B.C. 537년)한 이후, 제2차(B.C. 458년)로 귀환하기 전후에 페르시아에 머물러 살던 유대인들의 이야기입니다.

남쪽 유다를 정복하고 있던 바벨론은 지금으로 보면 이라크 지역입니다. 포로에서 돌아오도록 허락했던 고레스의 페르시아는 지금의 이란 지역입니다. 그 당시에 이란 지역에서 활동하던 사람들의 이야기라는 것입니다. 지금도 이란의 '하마단'(Hamedan)이란 마을에 가면 에스더와 모르드개의 무덤이 있다고 합니다.

페르시아 왕국은 알렉산더 대왕에 의해 정복당할 때까지 200년간 중동 일대와 인도, 유럽 일대를 지배하던 국가였습니다. 그때가 B.C. 5세기경입니다. 주님이 오시기 전 500년 어간에 있었던 일로, 페르시아, 이집트, 아테네를 중심으로 역사가 흘러가고 있었습니다. 당시 우리나라는 삼국시대 이전인 고조선 시대(古朝鮮, B.C. 2333-108년경)였습니다. 역사 속에서도 기록이 그리 많이 남아 있지 않았던 그때의 이야기라고 보시면 됩니다.

에스더서는 강대국 틈바구니에 끼어 있던 조그마한 나라, 약소민족 가운데에서도 지극히 약한 한 나라 곧 유대 나라의 이야기이며, 유대인의 구원 역사입니다.

수많은 나라들 가운데 유일신 여호와 하나님을 믿는 나라가 이스라엘입니다. 우리의 눈으로 보면, 인류의 역사는 강대국들이나 정치력을 가진 사람들, 돈을 많이 가진 사람들, 권력을 누리는 사람들에 의해서, 큰 나라의 큰 인물들에 의해서 흘러가는 것처럼 보입니다. 그런데 하나님의 구원 역사는, 하나님의 은혜 역사는 눈에 보이지 않는 작은 씨앗 같은 약한 것들을 통하여 어마어마한 구원의 물결이 이루어지는 것을 볼 수 있습니다. 큰 씨앗이 있어도 생명력은 배젖 속의 조그마한 배아(胚芽)에 있듯이, 구원의 역사는 거대한 지구촌에서 일어나는 많은 사람들 가운데 믿음을 가진 작은 한 나라, 한 교회, 한 가정, 한 어린아이를 통해서 일어납니다. 그들 속에 씨앗의 배아가 살아서 꿈틀거리는 것, 이것이 구원의 역사라고 하는 것입니다.

페르시아는 인도 일부와 동부 유럽 일부를 정복했습니다. 그 후에 아테네를 삼키려고 침공해 들어갔지만 패배합니다. 그 패배한 전쟁터가 마라톤 평원이란 지역입니다. 여기에서 한 병사가 승전 소식을 가슴에 안고 아테네로 달려갑니다. 그 병사가 달려간 거리가 42.195km였는데, 여기에서 마라톤 경주가 유래하게 됩니다.

페르시아와 아테네의 전쟁이 마라톤 평원에서 치러지고 있었을 때 왕은 다리오(Darius)였습니다. 본문에 등장하는 아하수에로는 다리오의 뒤를 이어 왕이 됩니다. 성경에 아하수에로가 히브리어로 기록되었습니다만, 헬라어로는 '크세르크세스'(Xerxes)입니다. 일반적으로 크세르크세스 왕 이야기가 곧 아하수에로 왕 이야기라고 보시면 됩니다.

아버지 다리오가 패배했습니다. 다시 한 번 그 땅을 정복해야겠다고 생각한 아하수에로 왕이 칼을 가는 행사가 본문에 나오는 어마어마한 잔치(3절)입니다. 그런데 전쟁을 준비하면서 칼을 갈아야지 왜 잔치를 벌일까요? 아하수에로 왕이 즉위한 지 3년이 되었습니다. 그가 다스리던 곳은 인도에서부터 127개 도입니다. 그곳의 도지사들, 사령관들, 총독들, 장군들을 초대합니다. 그렇게 180일간의 화려하고 엄청난 잔치를 열었습니다. 180일 동안 사용한 잔이 매번 다릅니다. 어주(御酒)가 어마어마합니다. 법도가 있어서 술을 억지로 마시게 하지는 않습니다. 아무리 마셔도 괜찮은 그런 잔치를 벌이게 됩니다. 아하수에로 왕은 127개 도의 모든 총독과 사령관들을 한 번에 불러 180일 동안 잔치를 한 것이 아니라 차례대로 불러서 전쟁 이야기를 했습니다. 아테네를 침공하려고 하는데 협력해 달라고 말입니다. 전시에 파병을 요청하며 병사들을 보내 달라는 정치적인 논의를 하는 자리로서 180일 잔치가 열린 것입니다.

그런데 이 잔치 도중에 엉뚱한 사건이 끼어듭니다. 바벨론으로 이민 와서 살고 있던 에스더가 이 잔치에 끼어든 것입니다. 머지않아 이스라엘이 엄청난 위기를 맞이하게 됩니다. 포로로 잡혀왔던 이 사람들이 몰살당하게 생겼습니다. 이때 떠오르는 별, 그가 바로 에스더라는 여인입니다.

하나님의 기가 막힌 간섭, 하나님의 기가 막힌 섭리, 역사의 소용돌이 저 밑바닥에서 붙들어서 쓰시는 하나님의 간섭, 전율할 수밖에 없는 하나님의 어마어마한 간섭을 느끼게 됩니다. '우리가 당하고 있는 이 위기 상황조차도 하나님이 역사하실 엄청난 기회일 수 있겠구나. 내가 겪는 이 어려움을 통하여 하나님의 엄청난 역사가 이루어질 수도 있겠구나. 이때 기도해야 되겠다. 이 기회를 붙들어야겠다. 이 위기를 기회로 만들어야겠다.'라는 결단을 하게 만드는 책이 에스더서입니다.

2. 위기의 시대에 떠오르는 별, 에스더

'에스더'는 'star', '별'이란 뜻입니다. 에스더는 위기의 시대에 떠오르는 별입니다. 성경 66권 가운데 여성의 이름을 제목으로 하는 책은 룻기와 에스더서 두 권입니다. 룻은 이방인이고, 에스더는 유대인입니다. 룻기는 이방인이 유대인에게 시집온 이야기이고, 에스더서는 유대인이 이방인에게 시집간 이야기입니다. 룻은 이방인으로 유대인에게 시집와서 구원 역사의 맥을 이었고, 에스더는 유대인으로 이방인에게 시집가서 위기에 빠진 유대인을 구했습니다. 룻기와 에스더서 모두 여성들의 이야기로 만들어진 책입니다.

당시의 페르시아는 여러 민족을 품는 포용정책을 폈는데, 페르시아가 정복한 여러 민족의 우수한 문화가 그대로 페르시아 문화의 기틀이 되면서 페르시아의 문화를 풍성하게 만들었습니다. 그러다 보니, 에스더가 살던 당시의 페르시아는 다문화 상황이었던 것 같습니다. 자연히 이주민들끼리 부딪히게 되었을 것입니다. 그중 에스더의 민족 유대인과 하만의 민족인 아말렉이 부딪히게 된 것입니다.

우리나라에 거주하는 이주민이 약 70만 명 정도 됩니다. 그래서 이제 우리를 단일민족, 백의민족이라 주장해서는 안 되는 시대를 살고 있습니다. '우리'라고 했을 때에 '한' 민족 국가만 생각해서는 안 되는 다문화 상황 속에 살게 된 것입니다. 앞으로 30년이 지나고, 2050년 쯤 되면 다문화인들이 굉장히 많아지게 될 것입니다.

요즘 우리나라 사람들이 아기를 낳지 않습니다. 그리고 3D 업종에는 일자리가 많이 남아 있는데도, 대부분의 사람들은 그 업종에 들어가 일하려 하지 않습니다. 3D 업종의 일이지만 누군가는 해야 하니까 저절로 외국인 노동자들을 고용하면서 다문화인들이 굉장히 많아지게 된 것입니다. 어쩌면 640만 명까지 늘어나지 않겠나 생각합니다.

그런데 만약 노동자들이 이슬람국가에서 들어온다고 생각해 보십시오. 이슬람국가의 이민자들은 대부분 아기를 많이 낳기 때문에 앞으로 이슬람인들이 굉장히 많아지게 될 것입니다. 이슬람 사람들이 인구의 3%가 되고, 5%가 되고, 10%가 넘어설 때는 그 사회가 엄청난 갈등의 소용돌이 속에 들어갈 수 있습니다. 그런데 우리나라는 자그마치 14%의 이주민이 함께 살아가는 다문화 사회 속에 접어들고 있습니다. 그로 인한 종교적인 갈등, 사회적인 갈등을 해소하는 비용이 엄청납니다. 이것은 위기입니다. 하지만 통일 한국 시대에 전 세계, 열방에 복음을 전하는 일에 있어서 마지막으로 들어가야 될 땅이 이슬람국가라고 한다면, 도리어 이것을 기회로 만들 수도 있습니다. 아니, 기회로 만들어야 합니다.

이슬람 이민을 막을 수 있으면 막아야 하지만, 어쩔 수 없는 상황이라면 교회가 깨서서 복음을 전하는 기회로 만들어야 할 것입니다. 이슬람에게 정복당하는 것이 아니라, 도리어 그들을 선교사로 훈련시켜서 파송하는 기회로 만들 수도 있다는 생각을 하게 됩니다.

에스더서를 읽어 보면 '하나님'이란 단어가 한 번도 나오지 않습니다. '하나님', '예수님', '성령님'이란 단어가 한 번도 나오지 않는 책이 에스더서입니다. 게다가 종교적인 용어들, 곧 '믿음'이란 단어가 한 번도 나오지 않습니다. 에세네파 사람들이 가지고 있던 구약성경에도, 쿰란공동체가 가지고 있던 현존하는 구약사본들 중 가장 오래되고 권위 있는 사해구약성경 사본에도 에스더서가 들어 있지 않습니다.

하나님이란 단어도 없다! 믿음이란 단어도 없다! 구약사본에도 나오지 않는다! 그렇다면 과연 성경적인 가치가 있을까요? 성경이 맞을까요? 하나님의 계시로 쓰여진 책이 맞을까요? 그래서 정경 형성 과정에서 굉장히 논란이 많이 되었던 책이 에스더서입니다.

그런데 비록 '하나님'이란 단어가 한 번도 나오지 않지만, 매 장, 매 절, 매 사건마다 하나님의 숨결을 느낄 수 있는 책, 하나님의 향취가 진동하는 책, 역사의 배후에서 움직이는 거대한 하나님의 섭리의 손길을 느낄 수 있는 책이 에스더서입니다.

우리는 지금 포스트모더니즘, 트랜스모더니즘, 종교다원주의 사회에 살고 있습니다. 다음세대 아이들이 하나님의 이름을 부르지 않는 시대, 하나님의 권위가 그들에게 직접적인 영향을 미치지 못하는 사회로 들어가고 있습니다. 심지어 기독교학교에서도 성경을 가르치지 못하게 하고, 그 속에서 자기 신앙을 담대하게 말하기 어려운 사회로 휘몰아쳐 가고 있습니다.

이러한 때에 어떻게 하면 우리가 우리의 사업과 일터, 관계, 이 모든 영역에서 하나님의 향취를 풍길 수 있을까요? 어떻게 하면 세상 사람들로 하여금 하나님의 숨결을 느끼게 할 수 있을까요? 어떻게 하면 우리 삶의 여정 속에서 나를 이끌어 가시는 하나님의 큰 손길을 볼 수 있을까요? 이 많은 과제를 가지고 에스더서를 읽어 내려갈 수 있습니다.

그런데 에스더서에는 어쩌면 '하나님'이란 단어가 들어 있었는데, 마치 빠진 것 같은 느낌을 주는 성경구절이 있습니다.

> "이때에 네가 만일 잠잠하여 말이 없으면 유다인은 다른 데로 말미암아 놓임과 구원을 얻으려니와 너와 네 아버지 집은 멸망하리라 네가 왕후의 자리를 얻은 것이 이때를 위함이 아닌지 누가 알겠느냐 하니"(에 4 : 14).

여기서 '하나님'이란 단어로 바꾸어도 좋을 듯한 단어가 "다른 데로"인데, 그렇게 바꾸어도 조금도 이상하지 않습니다.

"스타워즈"라는 영화를 보면 초자연적인 세계에서 정의가 악을 이기기 위해 신비한 힘을 공급받습니다. 이처럼 하나님의 뜻이 악한 뜻을 이기기 위해서 신비한 힘을 공급받고자 할 때, 그 초자연적인 어떤 곳을 하나님으로 바꾸어도 아무런 문제가 없을 것입니다.

우리가 이 세상을 살아가는 동안 어떤 중요한 수술을 하게 되거나, 또는 사업을 시작했는데 생각지도 못했던 곳에서 도움을 받는다! 생각지도 못한 곳에서 정보를 얻게 되어 내 인생의 모든 문제가 풀리기 시작한다! 인생을 살아가면서 희한한 사람을 만나서 아주 특별한 도움을 받는다면 그 희한한 사람이 누구일까요? 그분이 하나님이 될 수 있습니다. 단지 '하나님'이란 말을 구체적으로 하지 않았을 뿐, 이런 일들이 누구에게든 일어날 수 있다는 것입니다.

우리나라의 해방절은 8.15 광복절입니다. 유대 나라에는 해방절이 참 많습니다. 유월절은 노예생활을 하다가 바로로부터, 애굽으로부터 해방된 것을 기념하는 절기입니다. 어린 양의 피를 바르고, 모세를 통하여 구원받은 해방절이 유월절입니다.

구약의 역사가 끝나고 신약의 역사가 시작되기 전까지의 긴 시간을 '중간기'라고 합니다. 공동번역성경에는 외경이 포함되어 있는데, 그 가운데 마카비 형제들의 이야기가 나옵니다. 헬라에 의하여 심한 박해를 받던 유대민족이 마카비 형제들의 혁명에 의해서 살아납니다. 이때를 기념하기 위한 해방절이 있는데, 그것이 '하누카', 곧 '봉헌절' 또는 '수전절기'입니다. 그리고 '부림절'이라는 해방절기가 있는데, 그 역사적인 배경이 되는 것이 곧 에스더서 이야기입니다.

'부림절'이라는 말에는 '제비를 뽑는다'는 의미가 들어 있습니다. 다른 말로 주사위를 던진다는 뜻이기도 합니다. 주사위를 던졌을 때 1이 나올 수도 있고, 6이 나올 수도 있습니다. 어떤 주사위 게임에서 6이 나오면 '꽝'일 때가 있습니다. 그리고 '5'가 나오면 한 번 더 할 때도 있습니다. 이처럼 주사위를 던졌는데 무엇이 나오느냐에 따라서 죽을 수도 있고 살 수도 있다는 것이 바로 부림절의 의미입니다.

주사위가 던져졌는데 땅에 떨어지고 보니까 아말렉이 망하고 유대가 살아나게 된 형국입니다. 죽느냐 사느냐의 기로에서 하나님이 간섭하셔서 하만은 절정의 권세를 누리다가 목매달아 사형장의 이슬로 사라지고, 문지기였던 모르드개는 존귀함을 받게 되었다는 이야기가 펼쳐지는 게 에스더서입니다.

우리는 남북정상회담과 미북정상회담을 앞두고, 이 나라가 어느 길로 가야 할지 기도하지 않을 수 없었습니다. 하나님의 절대적인 간섭과 하나님의 신비한 간섭이 나타나기를 하나님께 매달리지 않을 수 없었습니다. 그것을 평화통일의 기회로 만들어 내기 위해서 몸부림치며 이 나라를 주님 앞에 올려드려야 했습니다. 이 백성을 불쌍히 여겨 주셔서 살려 달라고, 세계 유일의 분단국가로 내버려 두지 말아 달라고, 휴전선이 무너지고 불쌍한 북녘의 동포들을 구원해 달라고 몸부림치며 기도했습니다.

땅 끝까지 복음을 전하라는 주님의 명령 앞에서 우리가 북녘 동포들에게 복음을 전하지 못하고 하나님 앞에 선다고 했을 때 어찌 얼굴을 들 수 있겠습니까? 이것을 기회로 만들어야 하지 않겠습니까? 만약 1% 잘못된 길로 갔다 하더라도 "너 뭐했냐? 너 그때 뭐했냐?" 물으시면 "울면서 기도했습니다. 매달려 기도하지 않았습니까?" 이 말이라도 하고 하나님 앞에 서야 하지 않겠느냐는 것입니다.

ESTHER

2장 /

하나님의 간섭

에스더 1 : 9~22

⁹ 왕후 와스디도 아하수에로 왕궁에서 여인들을 위하여 잔치를 베푸니라 ¹⁰ 제칠일에 왕이 주흥이 일어나서 어전 내시 므후만과 비스다와 하르보나와 빅다와 아박다와 세달과 가르가스 일곱 사람을 명령하여 ¹¹ 왕후 와스디를 청하여 왕후의 관을 정제하고 왕 앞으로 나아오게 하여 그의 아리따움을 뭇 백성과 지방관들에게 보이게 하라 하니 이는 왕후의 용모가 보기에 좋음이라 ¹² 그러나 왕후 와스디는 내시가 전하는 왕명을 따르기를 싫어하니 왕이 진노하여 마음속이 불붙는 듯하더라 ¹³ 왕이 사례를 아는 현자들에게 묻되 (왕이 규례와 법률을 아는 자에게 묻는 전례가 있는데 ¹⁴ 그때에 왕에게 가까이 하여 왕의 기색을 살피며 나라 첫 자리에 앉은 자는 바사와 메대의 일곱 지방관 곧 가르스나와 세달과 아드마다와 다시스와 메레스와 마르스나와 므무간이라) ¹⁵ 왕후 와스디가 내시가 전하는 아하수에로 왕의 명령을 따르지 아니하니 규례대로 하면 어떻게 처치할까 ¹⁶ 므무간이 왕과 지방관 앞에서 대답하여 이르되 왕후 와스디가 왕에게만 잘못했을 뿐 아니라 아하수에로 왕의 각 지방의 관리들과 뭇 백성에게

도 잘못하였나이다 17 아하수에로 왕이 명령하여 왕후 와스디를 청하여도 오지 아니하였다 하는 왕후의 행위의 소문이 모든 여인들에게 전파되면 그들도 그들의 남편을 멸시할 것인즉 18 오늘이라도 바사와 메대의 귀부인들이 왕후의 행위를 듣고 왕의 모든 지방관들에게 그렇게 말하리니 멸시와 분노가 많이 일어나리이다 19 왕이 만일 좋게 여기실진대 와스디가 다시는 왕 앞에 오지 못하게 하는 조서를 내리되 바사와 메대의 법률에 기록하여 변개함이 없게 하고 그 왕후의 자리를 그보다 나은 사람에게 주소서 20 왕의 조서가 이 광대한 전국에 반포되면 귀천을 막론하고 모든 여인들이 그들의 남편을 존경하리이다 하니라 21 왕과 지방관들이 그 말을 옳게 여긴지라 왕이 므무간의 말대로 행하여 22 각 지방 각 백성의 문자와 언어로 모든 지방에 조서를 내려 이르기를 남편이 자기의 집을 주관하게 하고 자기 민족의 언어로 말하게 하라 하였더라

1.
내 인생의 주인공

　　　　　　구약성경이나 신약성경, 그리고 기독교 역사를 보면, 믿음의 사람들이 모여서 기도하는 일은 첫 번째로 이 시대에 주시는 하나님의 음성을 듣기 위해서였습니다. 두 번째는 하나님 앞에 회개하기 위해서였습니다. 그리고 세 번째는 나라를 위해서였습니다. 그들의 모임은 중요한 일들이 하나님의 손에서 이루어지기를 간구하고 하나님 앞에 응답받았던 역사들이었으며, 성령을 사모하며 기다리는 믿음이었습니다. 그것이 성경에 나타난 모임이요, 기도회였으며, 기독교 역사에 있었던 모임이었고, 기도회였습니다.

　　지금 우리는 역사의 중차대한 시점을 보내면서 하나님 앞에 부르짖는 구국기도의 시간을 갖지 않을 수 없었습니다. 그래서 온 교회가 모여 회개하는 시간을 갖고, 이 시대에 주시는 하나님의 말씀에 귀를 기울이며 하나님 앞에 부르짖는 기도를 시작했습니다. 이 기도가 마칠 때쯤에는 좋은 소식이 온 지구촌에 가득하리라 기대하고, 믿습니다. 그래서 성경 66권 가운데 특별히 에스더서를 통해 주실 하나님의 말씀에 귀를 기울이며 경청하고자 하는 것입니다.

책 이름이 '에스더'지만 에스더가 기록한 것은 아닙니다. 그렇다면 누가 기록했을까요? 모릅니다. 알려지지 않은 누군가가 기록했을 것입니다. 아마도 에스더서를 기록한 사람은 페르시아 왕궁 사정에 밝은 사람으로서, 무엇보다도 유대인의 처지를 아주 잘 알고 있는 사람이었을 것입니다. 그렇다면 이에 가장 적합한 인물은 모르드개라는 사람입니다. 그러나 모르드개가 이 책을 기록했다는 증거는 어디에도 없습니다. 문헌에도 없고 다만 추측일 뿐입니다.

'에스더' 드라마에 등장하는 주요 인물들이 있습니다. 그리고 그 역사들을 보면서 '나는 어떤 일이 있어도 하나님 앞에서 악역을 맡지는 말아야 되겠다. 악한 배역을 맡지 말아야 되겠다.'고 생각하게 됩니다. 누구든 드라마나 영화, 연극에서는 얼마든지 악역을 맡을 수 있지만, 내 삶에서나 내가 살아가는 역사 무대에서는 어떤 일이 있어도 악역을 맡아서는 안 되겠다 다짐하고 또 다짐하게 됩니다. 다만 하나님 앞에 쓰임 받는 사람이 되게 해 달라는 것이 우리의 기도제목이 되어야 할 것입니다.

에스더서의 연출가, 작가는 하나님이십니다. 분명히 주인은 하나님이십니다. 주인공으로 에스더가 쓰임을 받습니다. 주인공 '에스더'는 '별'이라는 뜻의 이름입니다.

"많은 사람을 옳은 데로 돌아오게 한 자는 별과 같이 영원토록 빛나리라"(단 12 : 3).

"좋은 친구는 그 친구의 얼굴을 빛나게 한다."는 말이 있듯이, 내 곁에 누가 있느냐에 따라서 그 사람의 삶이 빛나기도 하고, 퇴색되기도 합니다. 에스더는 하나님의 별이었습니다. 어두운 시대를 살아가는 한 민족의 별이었던 것입니다.

그리고 조연인 모르드개가 있습니다. 그는 에스더의 사촌오빠이자 양아버지 역할을 하는 사람이었습니다. 그는 애국자였습니다. 민족주의자였고, 믿음의 사람이었습니다.

또 아하수에로 왕이 등장합니다. 그는 똑똑한 사람이었고, 유능한 독재 정치가였습니다. 그리고 그의 부인은 와스디였는데, 도리에 밝고 똑똑한 사람이었습니다. 그러나 자기주장이 너무 강해서 폐위된 불운한 여인이었습니다. 어쩌면 술 취한 남편의 청을 들어주지 않고, "망령이 들었나?" 하며 일언지하에 거절했다가 폐위되었을지 모를 불운한 여인이 와스디였습니다.

악역을 맡은 이는 하만입니다. 그는 아말렉 족속입니다. 에서가 아들을 낳고, 그 아들이 첩을 얻어서 낳은 아들이 아말렉입니다. 이스라엘 백성들의 출애굽 여정 속에서 어떻게든 발목을 잡고, 허리춤을 붙들고 늘어지는 사람이 바로였다면, 광야를 여행하는 하나님의 백성들의 앞길을 가로막고 가는 곳곳마다 걸림돌이 되었던 족속이 아말렉이었습니다.

에스더서의 연출가요, 작가인 하나님이 직접 주인공 역할을 하십니다. 하나님은 에스더서 안에서 숨겨진 주인공이시며, 눈에 보이지 않는 진짜 주인공이셨습니다. 에스더서의 매 사건마다, 매 페이지마다 등장하는 분입니다. 눈에 보이지 않지만 눈을 뜨면 보이는 분, 냄새가 나지 않지만 엎드려 기도하면 향취가 나는 분, 그분이 바로 하나님이셨습니다.

우리가 살아가면서 하나님을 밀어내지 않는다고 한다면, 그것이 큰 사건이든 작은 사건이든 중요한 사건이든 일상이든 하나님을 초청한다고 한다면, 하나님은 어떤 일이라도 무관심하시지 않습니다. 머리털까지 세시는 분입니다.

"너희에게는 머리털까지 다 세신 바 되었나니"(마 10 : 30).
"너희에게는 심지어 머리털까지도 다 세신 바 되었나니"(눅 12 : 7).

정작 나조차도 무관심하게 여겼던 작은 문제까지도 하나님은 결코 무관심하게 여기시지 않는다는 것이 곧 머리털을 세신다는 말씀의 의미입니다. 하나님이 내 인생의 주인공이시라 선포하고, 내 인생의 모든 일에 관심을 가지고 간섭하시는 분이라고 인정한다면,

내 인생에 있어서 하나님은 언제나 1등이시며 가장 중심 자리에 자리 잡고 계신다고 한다면 우리의 모든 문제가 하나님의 손 안에서 풀리게 됩니다. 하나님을 우리의 인생에서, 우리의 만사에서 밀어내지 말라고 하는 것입니다.

"하나님은 3등입니다"

1등은 하고 싶은 일
2등은 해야 하는 일
3등은 하나님을 만나는 일입니다.
하고 싶은 것 다 하고
해야 할 일 다 마치고
그 후에 여유가 있으면 하나님을 만나 줍니다.
하나님은 언제나 3등입니다.

어려운 일이 생길 때도 하나님은 3등입니다.
내 힘으로 한번 해 보고
그래도 안 되면 가까이 있는 사람에게 매달립니다.
그래도 안 되면 하나님을 부릅니다.
하나님은 언제나 3등입니다.

거리에서도 하나님은 3등입니다.

내게 가장 가까이 있는

가장 중요한 한 사람은 나입니다.

내 마음을 알아 주는 사람이 2등

그리고 저 멀리 있는 하나님은 또 3등입니다.

그런데 하나님께 나는 1등입니다.

무슨 일이 있어도 부르기만 하면

하나님은 1등으로 찾아오십니다.

내 곁에 아무도 없을 때

하나님은 1등 친구로 늘 내 곁에 계십니다.

하나님께 내가 1등이듯

내게도 하나님이 1등이었으면 좋겠습니다.

하나님은 그런 분입니다. 우리가 예수를 믿고 얻는 복 중에 하나가 하나님이 내 안에 계신다는 것입니다. 솔로몬 성전도 추해서 계실 수 없었던, 그 거대한 성전도 작아서 계실 수 없었던 그분이 작고 누추하고 언제나 근심, 걱정, 불안, 염려, 시기, 질투, 원망, 짜증, 분노와 같은 온갖 것들이 자리 잡고 있는 내 안에 계십니다.

"너희는 너희가 하나님의 성전인 것과 하나님의 성령이 너희 안에 계시는 것을 알지 못하느냐"(고전 3 : 16).

"하나님! 내 마음의 중심, 그 왕좌에 좌정하셔서 내 인생의 모든 것을 친히 운행하여 주시옵소서. 하나님은 내 삶의 1등입니다."라고 고백하시기 바랍니다.

2.
에스더서를 통해 품어야 할 주제

에스더서를 계속해서 공부하며 우리가 품어야 할 주제가 있습니다.

첫째로, 나의 위기, 우리 가정의 위기, 내 자녀들의 위기, 우리나라의 위기를 극복하기 위해 믿음으로, 기도로, 말씀을 붙들고 씨름해서 반드시 기회로 만들어야 한다는 것입니다.

둘째로, 사람이 제비를 뽑고, 어떤 일을 계획할지라도 이 일을 이루시는 분, 이 일의 경영자요, 역사하시는 분은 하나님이시라는 것이 에스더서의 메시지입니다. 우리가 어떤 계획을 세운다 할지라도 하나님의 뜻을 거스를 수는 없습니다. 우리가 어떤 제비를 뽑아도, 어떤 설계를 한다 할지라도 내가 하나님의 사람이라면 반드시 하나님의 뜻대로 이 일이 이루어진다는 것을 믿어야 합니다.

셋째로, 여러분이 어떤 어려움에 빠졌다 할지라도 하나님을 사랑하는 자 곧 그의 뜻대로 부르심을 입은 자들에게는 모든 것이 합력하여 선을 이루신다(롬 8 : 28)는 사실을 믿어야 합니다.

넷째로, 하나님이 모든 것을 선으로 바꾸셨다는 고백이 있어야 합니다.

> "당신들이 나를 이곳에 팔았다고 해서 근심하지 마소서 한탄하지 마소서 하나님이 생명을 구원하시려고 나를 당신들보다 먼저 보내셨나이다 …… 하나님이 큰 구원으로 당신들의 생명을 보존하고 당신들의 후손을 세상에 두시려고 나를 당신들보다 먼저 보내셨나니"(창 45 : 5, 7).

요셉처럼 "형님들은 나를 죽이려 했지만, 하나님은 나를 살리셔서 형님들을 살리게 하셨습니다. 당신들은 나를 팔았지만, 하나님은 친히 나를 사셔서 이 나라를 당신의 나라로 삼으셨습니다. 바로 이 모든 것을 선으로 바꾸셨습니다."라는 믿음을 가져야 합니다.

다섯째로, 영적인 위기 가운데 살아가게 될 때나 나라가 커다란 위기에 빠져 있을 때에 기도하기만 하면 하나님께서 '별'을 보내 주신다는 것입니다. 그러므로 이 '별'을 통하여 일을 해결해 주신다는 믿음을 가져야 합니다.

여러분의 가정에 지금 어려움이 있을 수 있지만, 믿음을 가지고 자녀를 축복하면 손 끝에 축복의 권세가 있습니다. 눈에 보이지 않지만 손바닥 만한 구름이 떠오른다 할지라도 나는 내 자식들을 축복하겠다는 믿음을 가진 어머니의 기도는 땅에 떨어지는 법이 없습니다. 어머니의 눈물은 땅바닥에 떨어지지 않습니다. 아버지의 축복은 소멸되지 않습니다. 믿음을 가지고 울며 기도하고 축복하면 우리 가정에도 반드시 '별'이 일어나게 될 것입니다.

여섯째로, 위기 상황 속에서 저는 이렇게 기도합니다. "하나님, 이번 기회에 이 나라에 노벨평화상 수상자가 나타나게 해 주시옵소서. 이 위중한 사태 가운데 민족 역사에 없었던 일들이 일어났으면 좋겠습니다."

일곱째로, 때로는 누구든 위기를 만납니다. 고난을 겪습니다. 시험에 빠집니다. 실패를 합니다. 그때마다 간섭하시는 기가 막힌 하나님, 하나님의 그 간섭과 관심을 '섭리'라고 합니다. 역사는 하나님의 섭리에 의하여 운행되어지는 것입니다. 여러분이 지금 당하고 있는 문제, 여러분의 가정이 겪고 있는 문제, 이 나라가 당하고 있는 문제 가운데 기가 막힌 하나님의 간섭이 일어나기를 바랍니다.

3.
하나님의 간섭하심

　　　　에스더서에서 잔치를 통해 하나님의 간섭하심이 나타난다는 것도 상당히 독특합니다. 180일간의 잔치가 끝났습니다. 마지막 시간에 술에 취한 모든 사람들이 일어나서 "앵콜~ 앵콜~"하면서 잔치가 7일간 다시 열립니다. 187일 동안 술잔치가 벌어지게 됩니다.

　재미있는 사실은 1장과 2장 전체의 잔치를 살펴보면 음식 이야기가 전혀 없습니다. 모두 술 이야기뿐입니다. 문자적으로 보면 술잔치를 통하여 하나님의 계획이, 하나님의 경영하심이, 하나님의 역사하심이 드러난다는 것입니다. 이방인들이 벌이는 술잔치를 통하여 하나님의 뜻이 펼쳐진다? 이방 땅에서 펼쳐지는 술잔치가 하나님께서 역사하시는 기회가 된다? 하지만 말이 안 되는 일들이 우리 가운데 말이 되는 역사로 일어납니다.

　앵콜 잔치 때 왕후 와스디도 여인들을 위하여 잔치를 배설하게 됩니다. 잔치 마지막 날이었습니다.

　　　"왕이 주흥이 일어나서 …… 왕후 와스디를 청하여 왕후의 관을 정제하고 왕 앞으로 나아오게 하여 그의 아리따움을 뭇 백성과 지방관들에게 보이게 하라 하니"(에 1 : 10-11).

술에 취하니 기분이 좋아진 왕은 왕후 와스디에게 면류관을 정제하고 나와 백성들에게 보이라 명령합니다. 그러나 와스디는 이 명령을 일언지하에 거절합니다. 그리고 이 사건으로 인해 와스디가 폐위됩니다.

이 사건을 두고 아하수에로 왕이 잘못했다는 분이 계실 것이고, 와스디가 잘못했다, 폐위될 만하다고 생각하는 분들도 계실 것입니다. 여러분은 어느 편입니까? 아하수에로 왕이 잘못했다고 주석하는 사람들이 절반, 와스디가 잘못했다고 주석하는 사람들이 절반, 또 몇 사람은 둘 다 잘못했다고 말하는 사람도 있기는 합니다.

왕이 잘못했다는 주석가들은 왕이 187일간, 자그마치 6개월이나 술에 취하여 있었으니 제정신이었겠느냐는 것이지요. 왕이 술에 취하여 터무니없는 명령을 왕후에게 내립니다. 그러나 거절당합니다. 그러자 체면이 구겨졌습니다. 분노합니다. 화를 냅니다. 돌이킬 수 없는 실수를 하게 되지요. 곧 실수를 후회하게 됩니다. 우리도 이와 마찬가지로 때로는 저질러 놓고 스스로 후회하는 경우가 있지 않습니까?

꼭 기억하십시오. 어떤 상황에서든지 화가 나서 내린 모든 결정에는 악한 사탄이 끼어듭니다. 여러분의 인생에서 결정적인 실수를 할 때는 대부분 화가 나서 저지른 일일 경우가 많습니다. 그 일 때문에 망하게 되는 것입니다. 어떤 일이 있어도 분노로 문제를 해결해서는 안 됩니다. 그것은 자기 인생에 있어서 돌이킬 수 없는 결정적인 실수가 될 수 있습니다. 그때는 오히려 침묵해야 합니다. 하나님 앞에 무릎을 꿇어야 합니다. 엎드려 기도해야 합니다. 그러지 않으면 만사가 잘못될 수 있습니다.

이후 아하수에로 왕은 아버지의 패배, 곧 마라톤 전투를 보복하기로 작정합니다. 180일간의 술잔치는 127개 도의 총독들과 장수들을 불러다가 이제 전투를 벌이려 하니 협조해 달라며 파병을 요청하는 자리였습니다.

이제 만반의 준비를 하고 들어갑니다. 그러나 이 살라미 전투에서도 이기지 못하고 돌아옵니다. 마라톤 전투에서 아버지가 패배하고, 살라미 전투에서 아들 아하수에로 왕이 패배하게 됩니다.

왕후 와스디가 크게 잘못했다고 주장하는 사람들이 있습니다. 와스디는 예쁘고 똑똑했지만 교만했다는 것입니다. 똑똑한 것과 지혜로운 것은 다릅니다. 우리는 지혜로워야 합니다. 예쁘기보다는 아름다워야 하고, 똑똑하기보다는 지혜로워야 합니다. 와스디는 자기주장이 너무 강하여 돌이킬 수 없는 실수를 저지르고 말았습니다.

제 마음속에 그런 생각이 들었습니다. '좀 져 주지~ 한 번 져 주지~' "아이고 푼수~ 이럴 때 나를 부르면 어떡해. 당신도 주책이야." 그러고 와서 한 번 보여 주면 되는데, 예쁜 아내랑 산다는 것을 뽐내고 싶었던 남자 체면을 구겨 버렸습니다. 때는 이때다 하여 주변에서 여러 신하들이 법도가 이렇다 저렇다 하며 폐위해야 한다고 주장합니다. 전 나라의 남편들이 망신살이 뻗쳤다고 합니다. 그래서 폐위시켜 버렸습니다. 그러고 나서 4년 동안 왕후를 들이지 않습니다. 나중에 후회를 하게 됩니다. 생각하니 후회가 되었다는 말입니다.

'한 번 져 주지~ 바보.'

제가 원고를 다 쓰고 한 번 더 읽으면서 '한 번 져 주지~ 바보. 한 번 져 주지~ 바보. 남편 이겨서 뭐하게.' 하는 생각이 들었습니다.

성경이 말하고자 하는 것은 왕이 잘못했느냐, 왕후가 잘못했느냐의 문제가 아닙니다. 이 터무니없는 잔치와 왕궁 혈투 가운데 하나님의 별, 에스더가 떠올랐다는 것입니다. 에스더가 아하수에로 왕의 왕비가 되어 왕궁에 들어갔다는 것입니다.

이방 땅에 포로로 끌려와 살던 한 소녀가 아버지를 잃습니다. 어머니를 잃습니다. 불쌍하게 살던 그 소녀가 이 틈바구니 속에서 왕비가 되어 궁에 들어간다는 것입니다. 이 기가 막힌 일이 하나님의 섭리라는 것입니다. 하나님의 간섭, 하나님의 관심입니다.

"누구의 실수든, 두 사람 모두의 실수든 아무튼 하나님의 계획은 이뤄진다. 하나님의 뜻은 거스를 수가 없다. 하나님이 하시고자 하는 일은 반드시 이루어진다. 하나님의 설계도는 완성된다. 내 인생에서, 우리 가정에서, 이 나라에서 하나님의 설계도는 완성된다." 이렇게 믿으셨으면 합니다. 이 믿음이 있기에 우리가 기도하는 것입니다. 그 설계도대로 이루어 달라고 기도하는 것입니다.

하나님은 밥 먹고, 잠자고, 사람 만나고, 술잔치하는 것과 같은 일상적인 일들 속 깊숙이 들어오셔서 역사를 만들어 내십니다. 오늘 내가 누구를 만나고, 무엇을 먹고, 어떤 이야기를 하든지 그 일상의 삶속에서도 하나님의 뜻이 펼쳐지고 있다는 사실을 생각하면 전율이 느껴집니다. 우리가 그 사실을 안다면 기도해야 할 것입니다.

당시 세계를 주름잡던 왕들, 각 나라의 총독들, 사령관들, 장수들, 각료들이 아니라, 포로로 끌려온 한 소녀가 역사 무대의 주인공으로 등장합니다. 아버지와 어머니를 잃고 사촌오빠 집에서 살던 이 소녀가 하나님의 역사 무대의 주인공으로 등장하게 된다는 사실이 하나님의 간섭, 섭리라는 것입니다.

70년 전에 6.25전쟁이 발발했습니다. 북한의 침략이 불법이라고 전 세계가 규정했습니다. 그리고 미국이 안전보장이사회에 발의합니다. 당시 안전보장이사회는 11개국이었습니다. 유엔군을 파병해서 북한의 침략을 저지하고 대한민국을 돕자는 발의안이었습니다. 당시 공산권에 있던 유고슬라비아와 소련(현 러시아)은 이것을 반대하기로 의견을 모았습니다. 그렇게 안전보장이사회가 열렸는데, 유고슬라비아는 기권으로 돌아섰습니다. 이제 소련이 반대하면 거부권이 행사되어져 파병을 못하게 됩니다. 아무리 설득해도 말이 통하지 않습니다. 그런데 정작 회의가 시작되었을 때 그 자리에 소련 대표가 나타나지 않았습니다.

당시 이와 관련하여 여러 설이 있습니다. 먼저 진흙탕론입니다. 지프차를 타고 오다가 갑자기 진흙탕에 빠졌는데, 겨우 도착했을 때는 이미 회의가 끝이 났다는 설입니다. 그리고 펑크론이 있습니다. 오는 길에 타이어가 펑크가 나서 타이어를 교체하고 오다 보니 늦었다는 설입니다. 아무튼 소련 대표가 그 자리에 나타나지 못했습니다. 그렇다면 누군가 막은 것 아니겠습니까? 눈에 보이지 않지만 역사의 배후에서 에스더를 이끌어 가는 손길, 바로 그것이 하나님의 손길 아니겠습니까? 결국 세계의 16개 우방국에서 파병을 결정했습니다. 그 덕분에 이 나라가 휴전선까지나마 지켜질 수 있게 되었고, 이 땅에서 하나님께 예배할 수 있는 자유 대한민국을 건설하게 된 것입니다.

에스더서를 공부하며 하나님의 섭리와 간섭하심이, 눈에 보이지 않는 하나님의 향기가, 눈에 보이지 않는 하나님의 커다란 손길이, 하나님의 역사하심이 이 나라에 펼쳐지기를, 이 민족의 여러 가지 상황 속에서 나타나기를 기도하게 됩니다.

여러분의 가정에 어떤 어려움이 있습니까? 여러분은 우리나라, 한국교회에 어떤 일들이 일어나고 있다고 생각하십니까? 그렇다면 하나님의 역사하심이, 하나님의 임재하심이 이 땅의 한국교회에 다시 나타나도록 기도해야 할 것입니다. 복음의 씨앗이 고난의 민족 유대 땅에서 싹을 틔웠듯이, 고난의 민족인 우리 한민족을 통하여 마지막 날에 세계 열방 가운데 복음이 펼쳐지기를 기도해야 할 것입니다. "하나님! 우리 아이가 미래에 빛나는 하나님의 별이 되게 해 주십시오. 에스더가 되게 해 주십시오. 이 어두운 시대에 밝게 빛나는 하나님의 복음의 사역자가 되게 해 주십시오. 한국교회가 위기 상황에 빠졌다고 하는데, 우리 교회가 한국교회를 빛나게 만드는 별이 되어 어두운 세상을 밝히고 한국교회에 희망을 선포하고 희망을 말하는 교회가 되게 해 주시옵소서."

새벽에 엎드리어 드리는 이 기도가 민족을 살리고, 교회를 살리고, 가정을 살리고, 여러분의 생령을 살리는 위대한 기도가 될 것입니다.

ESTHER

3장 /

상처 입은 치유자

에스더 2 : 1~11

¹ 그 후에 아하수에로 왕의 노가 그치매 와스디와 그가 행한 일과 그에 대하여 내린 조서를 생각하거늘 ² 왕의 측근 신하들이 아뢰되 왕은 왕을 위하여 아리따운 처녀들을 구하게 하시되 ³ 전국 각 지방에 관리를 명령하여 아리따운 처녀를 다 도성 수산으로 모아 후궁으로 들여 궁녀를 주관하는 내시 헤개의 손에 맡겨 그 몸을 정결하게 하는 물품을 주게 하시고 ⁴ 왕의 눈에 아름다운 처녀를 와스디 대신 왕후로 삼으소서 하니 왕이 그 말을 좋게 여겨 그대로 행하니라 ⁵ 도성 수산에 한 유다인이 있으니 이름은 모르드개라 그는 베냐민 자손이니 기스의 증손이요 시므이의 손자요 야일의 아들이라 ⁶ 전에 바벨론 왕 느부갓네살이 예루살렘에서 유다 왕 여고냐와 백성을 사로잡아 갈 때에 모르드개도 함께 사로잡혔더라 ⁷ 그의 삼촌의 딸 하닷사 곧 에스더는 부모가 없었으나 용모가 곱고 아리따운 처녀라 그의 부모가 죽은 후에 모르드개가 자기 딸같이 양육하더라 ⁸ 왕의 조서와 명령이 반포되매 처녀들이 도성 수산에 많이 모여 헤개의 수하에 나아갈 때에 에스더도 왕궁으로 이끌려 가서 궁녀를 주관하는 헤개의 수

하에 속하니 ⁹ 헤개가 이 처녀를 좋게 보고 은혜를 베풀어 몸을 정결하게 할 물품과 일용품을 곧 주며 또 왕궁에서 으레 주는 일곱 궁녀를 주고 에스더와 그 궁녀들을 후궁 아름다운 처소로 옮기더라 ¹⁰ 에스더가 자기의 민족과 종족을 말하지 아니하니 이는 모르드개가 명령하여 말하지 말라 하였음이라 ¹¹ 모르드개가 날마다 후궁 뜰 앞으로 왕래하며 에스더의 안부와 어떻게 될지를 알고자 하였더라

1.
에스더, 상처 입은 치유자

지구촌에 있는 많은 민족 가운데 모진 고난의 역사를 지닌 민족이 둘 있습니다. 그것은 한국인과 유대인입니다. 항상 전쟁의 소용돌이와 외세의 침략에 짓밟혀 울어야 했던 민족이 유대인과 한국인입니다. 두 민족은 특별히 20세기 초의 같은 시기에 동일한 고난을 겪기도 했습니다. 유대는 독일치하에서, 우리는 일제치하에서 치욕을 당했습니다. 유대인들은 히틀러 독재정권에서 600만 명이 죽었습니다. 한국인들도 6.25전쟁을 겪으면서, 신앙의 자유를 지키려다가, 체제 갈등 때문에 역시 600만 명 이상 죽었다는 학자들의 통계가 있습니다.

그 외에도 유대인과 한국인은 공통점이 많이 있습니다.

두 민족은 전 세계에 흩어져 사는 디아스포라 민족입니다. 그러면서도 기가 막힌 적응력으로 어디에 가든지 잘 살고 그 도시를 정복하는 희한한 민족입니다. 현재 유대인은 100여 개 나라에 흩어져 살고 있고, 한국인은 150개 나라에 흩어져 살고 있습니다.

이 두 나라는 나라를 찾은 후에 아주 짧은 시간에 급격한 경제성장을 이루어 냈습니다. 유대인들이 얼마나 부지런한지 전 세계에 흩어져 그 지역의 상권을 조금씩 장악하여 결국에는 완전히 장악하게 됩니다. 유대인들로 인해 현지인들이 견뎌 내지 못합니다. 심지어 도망갑니다. 그런데 그 땅에 한국인이 들어가면 24시간 영업을 해 버린다고 합니다. 이번에는 유대인들이 도망을 갑니다. 이처럼 유대인들과 한국인들은 어디를 가도 부지런하여 잘 사는 것을 볼 수 있습니다.

우리나라의 건국사상은 홍익인간입니다. 이는 널리 사람을 이롭게 한다는 것으로, 우리 민족 전체에 깔려 있는 사상입니다. 이스라엘에도 '티쿤 올람'이라는 말이 있습니다. 이는 세상 모든 사람을 치유하여 널리 잘 산다는 뜻입니다.

유대인들과 한국인들은 머리가 좋기로 유명합니다. 어느 학교에 가든지 1등, 2등을 합니다. 물론 꼴등도 합니다. 교육열이 대단히 높습니다. 또한 아시아권에서 음력을 사용하는 두 나라도 대한민국과 이스라엘입니다.

여성의 힘이 억척스럽게 강합니다. 이스라엘도 여성들이 활동적이어서 발전의 중심에 여성들이 있습니다. 우리나라도 마찬가지입니다. 남자들이 전쟁터에 나가고 나면 여성들은 남아서 아이들을 돌보고, 동리를 지키고, 자녀들을 교육하며, 살림을 했습니다. 수천 년 역사를 통해서 보면 여성들이 나라를 지키는 일의 중심에, 기도하는 중심에, 종교를 일으키는 중심에 있는 것을 볼 수 있습니다.

신앙의 힘이 강한 민족이 또한 유대인들과 한국인들입니다. 신앙의 힘을 믿는 나라도 이스라엘이고, 대한민국입니다. 또한 두 나라는 똑같이 1948년에 나라를 재건했습니다. 이런 공통점을 찾아서 이야기하려면 그 외에도 얼마든지 더 있지 않겠나 생각합니다.

하나님은 병든 세상을 치유하고 구원하시기 위해 수많은 고난을 견뎌 내고, 상처를 입고, 그리고 상처를 입었지만 거기에 갇혀 사는 것이 아니라 세계를 품고 살아가는 이 나라들을 쓰시지 않겠나 하는 생각을 하게 됩니다. 또 많은 역사가들이 그렇게 말하기도 하고, 세계를 관찰하는 사람들이 두 나라를 주목하고 있는 것도 사실입니다.

특별히 예수 그리스도의 복음이 전해지는 일에 있어서 유대에서 복음이 시작되었습니다. 그리고 마지막에 땅 끝까지 복음을 전하는 일은 대한민국을 통하여, 한국교회를 통하여 이뤄지고 완성되지 않을까 생각하게 됩니다.

믿음의 선진들은 늘 그렇게 기도했습니다. 그렇게 믿고 신앙생활을 했습니다. 특별히 유대인들은 미국 사회 속에서, 전 세계 경제 분야에서 대단한 힘을 발휘하고 있습니다. 전 세계에서 모든 경제의 흐름을 주도하고 있는 사람이 이스라엘의 재무장관입니다. 이스라엘의 재무장관이 되면 전 세계의 경제 흐름을 주도하는 힘을 가진 사람이 되는 것입니다.

이처럼 미국 정계, 백악관, 사회를 움직이는 사람들이 유대인들입니다. 트럼프(Donald John Trump) 대통령의 사위이자 이방카(Ivanka Marie Trump)의 남편이 유대인이라고 합니다. 구글, 페이스북 등도 유대인들에 의하여 개발되고 그 사람들에 의하여 움직여지고 있습니다. 이런 힘이 어디서 나왔을지 생각해 보면 신앙의 힘, 즉 고난을 견뎌 내고 우뚝 일어선 힘이 아닌가 생각하게 됩니다. 노벨상 수상자의 30%가 유대인들이며, 특히 경제 분야 47%, 의학 분야 70%가 유대인들이라고 합니다.

오늘 본문에 등장하는 에스더의 부모 세대는 왕과 함께 외국 땅에 포로로 끌려갔습니다. 70년간 이주민으로 나그네 생활을 했습니다. 고레스의 배려로 많은 사람들이 고국 땅으로 돌아갔지만, 돌아가지 못하고 아직 외국 땅에 살고 있던 사람들이 있었습니다.

그들 가운데 아버지와 어머니를 일찍 여의고 고아처럼 살던 소녀가 있었는데, 그가 에스더였던 것입니다. '별'이라는 뜻의 이름처럼, 어두운 시대에 반짝이는 별이 되었던 소녀가 에스더입니다. 하나님은 이 가련한 소녀 에스더를 통하여 몰살 위기에 직면했던 이스라엘을 건져 내셨습니다. 그 소녀가 상처 입은 치유자가 되었던 것입니다.

　이 세상을 살아가면서 삶의 고난이 없는 사람이 어디 있겠으며, 또 사람들과 더불어 살면서 상처 없는 사람이 어디 있겠습니까? 그러나 그런 고난, 상처, 아픔, 실패에 묶여 살아가는 사람은 하나님이 쓰시지 않습니다. 상처를 견뎌 낸, 고난을 딛고 일어선, 모든 환경을 긍정적으로 해석하고 살아가는, 구겨지지 않은 품성과 인격을 가지고 살아가는 사람들에 의하여 역사가 만들어져 갑니다. 그리고 그들 때문에 주변의 사람들이 힘을 얻고 살아나게 되는 것입니다.

　역사가들은 모진 고난을 견뎌 낸 한민족을 하나님께서 마지막 때에 쓰실 거라고 말합니다. 우리 민족은 일제의 모진 고난을 견뎌 냈습니다. 나라를 빼앗겼고, 이름을 빼앗겼고, 말을 빼앗겼습니다. 먹을 양식과 인권과 자존감까지 빼앗긴 채로 35년의 아픈 세월을 보내야 했습니다. 이것을 견뎌 내고 일어서게 된 것입니다. 동족상잔의 비극이라 할 수 있는 6.25전쟁의 그 무서운 아픔을 우리는 딛고 일어섰습니다. 그 이후에 배고픔과 분단된 나라의 아픔으로 울었고, 전쟁이 일어나면 어떡하나 걱정하며 두려워 떨었습니다. 뜻 있는 사람들은 하룻밤도 기도하지 않고는 편히 잠들 수 없는 시간들을 보내야 했습니다. 그러나 이것이 하나님의 뜻이라는 것입니다.

　고난 받는 욥을 의인으로 쓰셨듯이, 하나님께서 마지막 때에 이 민족 이 나라를 들어 쓰시기 위하여 이런 모진 아픔의 시간들을 견디게 하셨던 것입니다. 또한 요셉을 처음부터 국무총리로 삼으신 것이 아니라 아픔의 시간을 겪게 하신 후에 세우셨습니다. 요셉이 우물에 던져집니다. 미디안 장사꾼에게 팔려 갑니다. 어린 나이에 말이 통하지 않는 나라에 끌려가서 노예가 되어 머슴살이를 합니다. 청년이 되어서 유혹을 이기고 신앙을 가졌다는 사실 때문에, 하나님을 믿는 사람으로서 그 문화 속에 젖어 살 수 없다는 사실 때문에 억울한 누명을 쓰고 감옥에 갇힙니다. 옥살이를 하면서 주인처럼, 아비처럼 섬겼던 관료들이 요셉을 잊어버립니다. 그때 요셉은 감옥에서 배신감에 젖어 울 수도 있었을 것입니다. 그러나 하나님께서는 온갖 고난을 견뎌 낸 요셉을 감옥에서 불러내어 사용하셨습니다. 마찬가지로 감옥에 갇힌 듯이, 새장에 갇힌 듯이 분단의 현실 속에 눈물지으며 울고 있는 우리 민족을 하나님께서 들어 쓰시지 않겠나 하는 이 소원, 이 열망 때문에 부르짖어 기도하는 것입니다.

2.
이때를 위함이 아닌지

본문 1장의 마지막을 보면 똑똑하고 사리에 밝았지만 성격이 너무 강했던, 그래서 남편의 명령이 옳지 않다 판단하고 그 명령을 언언지하에 거절했던 와스디 왕후가 폐위되었습니다. 앞에서 언급했듯이 와스디가 안타까워 '져 주지. 바보~' 하는 생각이 들었습니다. 그리고 자그마치 4년간 왕비를 들이지 않았습니다.

이 4년 동안 페르시아에는 아테네, 즉 그리스와의 전쟁이라는 큰 사건이 있었습니다. 아하수에로 왕은 180일간의 술잔치를 통해 그가 다스리던 인도를 시작해서 유럽과 아프리카까지 127개 도의 총독들과 장수들을 모아 파병을 요청하고, 협조를 얻어 냈습니다. 그러니 작은 그리스가 페르시아를 이기는 것은 불가능한 일이었습니다. 그러나 불가능한 일이 일어났습니다. 페르시아 군대가 도시로 진격해 들어갔더니 그리스에 살고 있는 사람이 없었습니다. 서민들은 시골로 흩어지고, 군사들은 바다로 나갔습니다. 육지에서는 이길 수 없다고 판단한 그리스가 해전을 감행하기로 한 것입니다. 이 전쟁이 바로 살라미 해전입니다. 결국 아하수에로는 그토록 와신상담 준비한 전투에서 보기 좋게 패전하고 돌아옵니다. 그의 아버지는 마라톤 전투에서 패전했습니다. 그 또한 그렇게도 열심히 준비한 전투이었건만, 패배하여 망신살이 뻗쳐서 돌아오게 된 것입니다. 아하수에로 왕의 상심이 얼마나 컸을까요? 의기소침할 수밖에 없었을 것입니다. 얼마나 부끄러웠을까요? 대국 왕의 체면이 말이 아니었습니다. 이런 상황 속에 에스더 2 : 1이 펼쳐집니다.

"그 후에 아하수에로 왕의 노가 그치매 와스디와 그가 행한 일과 그에 대하여 내린 조서를 생각하거늘"(에 2 : 1).

"그 후에"라는 표현에는 많은 사건들이 집약되어 있습니다. 4년이란 세월이 지났습니다. 살라미 전투에서 부끄럽게 패배하고 돌아와 의기소침해 있던 상황이었다는 것입니다. 오랫동안 근심하고 낙심하다가 4년 전 자신이 분노했던 그 일조차도 몹시 부끄럽게 여겨지던 어느 날이란 뜻입니다.

"와스디 왕후를 …… 생각하거늘"이라는 표현에서 생각했다는 것은 '내가 너무 했나?' 하는 후회스런 마음이 들었다는 뜻이며, 이것저것 생각하다 보니 그녀를 그리워하는 마음까지 솟구치고 있었다는 그런 뜻이기도 합니다. 이때 마음이 바빠진 사람들이 있었는데, 바로 와스디를 폐위시킬 것을 간청했던 자들입니다. 만약 왕이 폐위된 와스디를 복귀시키기라도 한다면 저들의 목이 열 개, 백 개라도 살아남을 수 없었겠지요. 신하들이 일단 복귀는 있을 수 없는 일이라고 여론을 조성하고 왕에게 이런 법도는 없다고 아뢰게 됩니다. 전국에서 아리따운 처녀들을 다 모아 그들 중에서 왕의 마음에 드는 처녀 한 명을 왕후로 모시자고 제안한 것입니다. 왕이 이 일을 좋게 여겼다고 성경은 기록하고 있습니다.

바로 '이때' 성경은 포로로 잡혀와 고향 땅으로 돌아가지 못하고, 부모님을 잃고 고아처럼 살던 에스더를 소개합니다. 바로 이때를 위하여 숨겨 놓았다는 듯이 성경은 짠! 하고 에스더를 무대에 등장시킵니다. "바로 이때", 이 말은 에스더서에서 굉장히 중요한 주제가 됩니다. "바로 이때"에 관련하여 후에 모르드개가 말합니다.

"이때를 위함이 아닌지 누가 알겠느냐"(에 4 : 14).

에스더가 왕후가 된 것이 바로 이때를 위함이 아니겠느냐는 것입니다. "바로 이때" 준비된 자에게 쟁기가 들려지게 되는 것입니다. 기도로 준비한 가정은 반드시 하나님께서 사용하십니다. 준비된 교회는 위기의 시대에 하나님께서 들어 쓰십니다. 준비된 민족은 하나님께서 외면하지 않으십니다.

바로 이때 역사의 무대 한복판에 에스더, 곧 별이 떠오릅니다. 칠흑같이 어두운 땅에 샛별 하나가 반짝 떠올랐으니 그가 바로 에스더, 별이라는 소녀였습니다. 소개는 간단합니다. 모르드개라는 사람이 있었고, 그가 고아가 된 삼촌의 딸을 자기 딸같이 양육했다는 것입니다.

"그의 삼촌의 딸 하닷사 곧 에스더는 부모가 없었으나 용모가 곱고 아리따운 처녀라 그의 부모가 죽은 후에 모르드개가 자기 딸같이 양육하더라"(에 2 : 7).

성경은 에스더가 어떤 어려움을 겪었는지, 아버지가 어떻게 죽었는지, 어머니는 어떻게 세상을 떠났는지, 얼마나 모진 고난과 어려움이 있었는지, 어린 시절이나 청소년 시절은 어떻게 보냈는지 전혀 언급하지 않고, 다만 아버지와 어머니를 잃고 모르드개의 집에서 양자처럼 잘 자랐다고만 표현하고 있습니다.

아버지, 어머니의 사랑을 받고 자라야 할 어린 나이에 일찍이 부모를 잃어 사랑을 받지 못하고 이방 땅에서 노예로 살았습니다. 그렇게 산다는 것은 대단히 고통스러운 일이었을 것입니다. 하나님은 의지할 곳 없는 이 에스더를 들어 쓰십니다. 강한 자의 손에서 민족을 구원하기 위하여 약하고 약한 소녀를 들어 쓰셨다는 것입니다. 역사 무대 속에서 유대인, 한민족이 얼마나 약한 민족입니까? 땅이 얼마나 작습니까? 인구는 얼마나 됩니까? 가진 것 없는 이 나라를 하나님이 쓰신다는 게 얼마나 설레는 일이냐는 것입니다.

포로의 딸로 태어난 에스더는 얼마나 많은 상처를 받으며 살았을까요? 그러나 그 깊은 상처를 드러내지 않고, 세상에 대해서도 원망하지 않으며, 염세적이고 부정적인 생각들을 모두 이겨 내기란 그리 쉽지 않았을 것입니다. 그럼에도 불구하고 에스더에게 이런 부정적인 것들이 전혀 남아 있지 않았습니다. 어디에도 쌓아 두지 않았습니다. 하나님께서는 상처를 이겨 낸 사람을 쓰십니다. 이 모든 것들을 신앙과 기도로 이겨 내고, 아름다운 신앙과 품성으로 잘 자랐다는 것을 성경은 이렇게 표현합니다.

"용모가 곱고 아리따운 처녀라"(에 2 : 7).

그녀는 찌그러진 인격의 소유자가 아니었다는 것입니다. 환경은 열악했지만 구겨진 품성을 가지고 살지 않았습니다. 삐뚤어진 내면 없이 곱고 바른 소녀였습니다. 초라한 신앙의 사람이 아니라 단단한 신앙으로 무장된 소녀였습니다. 요셉이 고난을 이기고 옥문이 열렸을 때 나라를 살려 내었듯이, 고아로 자랐던 이 소녀가 믿음을 구기지 않았을 때 하나님께서 쓰셨다는 것입니다.

아기 칫솔이 있었습니다. 아기 칫솔이 엄마 칫솔에게 말했습니다.
"엄마, 우리 칫솔 맞지? 칫솔 맞지? 엄마, 우리 이 닦는 칫솔 맞지? 이 닦는 칫솔이지? 그런데 왜 우리는 운동화만 빨아?"
"이놈의 자식아, 네가 다 찌그러지니까 이 못 닦고 운동화만 빨지! 너를 잘 지켜야지, 이놈아!"

우리가 믿음을 지키면, 인격을 지키면 하나님이 쓰십니다. 그러니 우리가 할 일은 믿음을 지키는 것입니다. 마음을 지키는 것입니다. 세상에 지킬 것들이 많이 있지만 그 무엇보다 마음을 지켜야 합니다. 신앙을 지켜야 합니다. 기도의 자리를 지켜야 합니다. 품성을 지켜야 합니다. 사람들과의 관계를 지켜야 합니다. 이것이 하나님이 우리를 쓰시는 길이 될 것입니다.

내 곁에 있는 소중한 목장 식구들을 통하여 나를 쓰셔야 되는데, 그 사람과의 관계가 깨졌습니다. 그러면 복의 통로가 무너진 것 아닙니까? 어느 날 문득 하나님이 그 사람의 기도를 통하여 나를 쓰시려고 해도 복이 오다가 막혀 버리고 마는 것입니다. 무엇보다도 사람관계를 잘 지켜야 합니다. 이것이 바로 우리가 하나님 앞에 쓰임 받는 길입니다.

3.

하나님의 손

당시 페르시아 왕궁에서 펼쳐지는 왕비 간택 행사에서 에스더가 선택된다는 것은 불가능한 일이었습니다. 포로로 끌려왔고, 아비 어미가 없는 이 소녀가 간택되었다는 것은 기적입니다. 내로라하는 집안의 딸들이 몰려왔습니다. 그런데 포로였던 에스더가 왕비가 됩니다.

이 왕비 간택 행사는 대단히 냉혹하고 잔인했습니다. 일단 후궁으로 들어가면 몸을 단장합니다. 왕이 한 명씩 부릅니다. 왕과 하룻밤을 지냅니다. 왕비로 간택이 안 되면 집으로 돌아오지 못하고 평생 왕궁 뒤뜰 후궁에서 살아야 합니다. 주석가에 의하면 거기 모인 사람이 400명쯤 되었다고 말합니다. 400명의 후궁 가운데 한 명으로 전락하는 것입니다. 이런 행사에서 이방인 소녀, 고아 출신 에스더가 왕비로 선택된 것입니다.

어찌 이런 일이 가능했을까요? 대답이 될 만한 내용이 본문에 나옵니다. 바로 8절의 "왕궁으로 이끌려 가서", 그리고 9절의 "은혜"라는 단어입니다.

먼저 "이끌려 가서"는 수동형입니다. 모르드개가 보냈다는 게 아닙니다. 에스더가 자원해서 들어간 것도 아닙니다. 누군가에 의하여 데려감을 당했다는 것입니다. 누구도 어찌할 수 없는 커다란 손이 에스더를 이끌어 갔다는 것입니다. 이 강한 손의 주인이 누구일까요? 이 수동형 동사의 주인은 분명히 하나님일 것입니다. 에스더서 드라마의 작가, 연출자, 주인공이 되시는 하나님이 에스더를 왕궁으로 이끌어 가신 것입니다. 하나님이 이끌어 간 에스더를 그 누구도 이길 수 없었던 것입니다. 하나님이 이끄셨는데 누가 이길 수 있겠습니까?

두 번째로 9절의 "은혜"라는 단어입니다. 15절과 17절에 각각 "사랑을 받더라", "사랑"이란 단어가 나옵니다. 17절에는 "은총을 얻은지라"라는 표현에서 "은총"이란 단어가 나옵니다. 이 모든 단어는 하나님의 '헤세드'(חסד), 곧 '자비를 입었다', '은총을 입었다'는 말입니다. 하나님의 은혜를 입어서 일어날 수 있었던 사건이라는 것입니다.

에스더가 왕비가 된 이 사건의 배후에는 눈에 보이지 않는 하나님의 손이 에스더를 이곳으로 이끌어 가심으로 가능하게 되었습니다. 하나님의 은혜의 사건입니다. 하나님의 큰 손 사건이었다고 성경은 기록하고 있는 것입니다. 우리가 염려하는 모든 일들도 하나님의 은혜의 손, 역사를 움직이는 힘 있는 손이 번쩍 들어서 해결해 주실 것입니다.

4.

하나님만이

모르드개와 에스더가 겉으로는 바벨론 문화에 잘 적응하고 사는 것처럼 보이지만, 그들은 그 땅에서 철저히 이방인이었습니다. 철저히 약자였습니다. 권력이라곤 손가락만큼도 없었습니다. 곁에 도와줄 만한 힘 있는 사람도 없었습니다. 하나님이 도와주시지 않으면 누군가 밟으면 밟힐 수밖에 없었습니다. 누군가 찢으면 찢길 수밖에 없었습니다. 후~ 불면 날아갈 수밖에 없는 사람들이었습니다.

저는 에스더서를 읽으면서 저의 얼굴을 자꾸 떠올리게 되었습니다. 어린 시절 저도 하나님이 도와주시지 않으면 그 누구도 도와줄 사람이 없었습니다. 이것이 저의 복이었습니다. 아무도 도와줄 사람이 없었으니까 하나님을 붙들 수밖에 없었습니다. 하나님을 믿을 수밖에 없었습니다. "아버지~" 부르짖을 수밖에 없었습니다. 하나님만이 저의 힘이셨습니다. 하나님만이 저의 반석이셨습니다. 하나님만이 저의 요새이셨습니다. 하나님만이 저의 산성이셨습니다. 하나님만이 저의 구원의 뿔이셨습니다.

♪ 나의 힘이 되신 여호와여 내가 주님을 사랑합니다
주는 나의 반석이시며 나의 요새시라
주는 나를 건지시는 나의 주 나의 하나님
나의 피할 바위시요 나의 방패시라

나의 하나님 나의 하나님 구원의 뿔이시요 나의 산성이라
나의 하나님 나의 하나님 그는 나의 여호와 나의 구세주

ESTHER

4장 /

우연 입니까?

에스더 2 : 12~23

¹² 처녀마다 차례대로 아하수에로 왕에게 나아가기 전에 여자에 대하여 정한 규례대로 열두 달 동안을 행하되 여섯 달은 몰약 기름을 쓰고 여섯 달은 향품과 여자에게 쓰는 다른 물품을 써서 몸을 정결하게 하는 기한을 마치며 ¹³ 처녀가 왕에게 나아갈 때에는 그가 구하는 것을 다 주어 후궁에서 왕궁으로 가지고 가게 하고 ¹⁴ 저녁이면 갔다가 아침에는 둘째 후궁으로 돌아와서 비빈을 주관하는 내시 사아스가스의 수하에 속하고 왕이 그를 기뻐하여 그의 이름을 부르지 아니하면 다시 왕에게 나아가지 못하더라 ¹⁵ 모르드개의 삼촌 아비하일의 딸 곧 모르드개가 자기의 딸같이 양육하는 에스더가 차례대로 왕에게 나아갈 때에 궁녀를 주관하는 내시 헤개가 정한 것 외에는 다른 것을 구하지 아니하였으나 모든 보는 자에게 사랑을 받더라 ¹⁶ 아하수에로 왕의 제칠년 시월 곧 데벳월에 에스더가 왕궁에 인도되어 들어가서 왕 앞에 나가니 ¹⁷ 왕이 모든 여자보다 에스더를 더 사랑하므로 그가 모든 처녀보다 왕 앞에 더 은총을 얻은지라 왕이 그의 머리에 관을 씌우고 와스디를 대신하여 왕후로 삼은 후에 ¹⁸ 왕이 크게 잔

치를 베푸니 이는 에스더를 위한 잔치라 모든 지방관과 신하들을 위하여 잔치를 베풀고 또 각 지방의 세금을 면제하고 왕의 이름으로 큰 상을 주니라 [19] 처녀들을 다시 모을 때에는 모르드개가 대궐 문에 앉았더라 [20] 에스더는 모르드개가 명령한 대로 그 종족과 민족을 말하지 아니하니 그가 모르드개의 명령을 양육 받을 때와 같이 따름이더라 [21] 모르드개가 대궐 문에 앉았을 때에 문을 지키던 왕의 내시 빅단과 데레스 두 사람이 원한을 품고 아하수에로 왕을 암살하려는 음모를 꾸미는 것을 [22] 모르드개가 알고 왕후 에스더에게 알리니 에스더가 모르드개의 이름으로 왕에게 아뢴지라 [23] 조사하여 실증을 얻었으므로 두 사람을 나무에 달고 그 일을 왕 앞에서 궁중 일기에 기록하니라

1.
양은 양이다

　　아프리카 더운 지방에서 목회를 하는 목사님이 계셨습니다. 이 마을 사람들은 양(羊)이 뭔지 몰라 제사를 지낼 때 돼지를 잡는다고 합니다. 성경을 번역할 때도 모든 '양'을 '돼지'라고 번역했습니다. 찬양도 "♬ 주는 나를 기르시는 돼지지기요~ 나는 그분의 어린 돼지~", "♬ 세상 죄 지고 가는 어린 돼지 보라~" 이렇게 부를 수밖에 없었습니다. 그런데 양이 가진 특징과 돼지가 가진 특징이 너무 달라서 이분이 타임지에 기고하면서 정한 기사 제목이 "The sheep is sheep"입니다. 그렇습니다. 양은 양이었습니다.

　많은 짐승 가운데 양은 특별히 자신을 돌보고 방어할 무기가 하나도 없습니다. 독초와 먹을 수 있는 목초를 구분하지 못하고, 이 길로 달려가면 죽는지 사는지도 모르고 갑니다. 저 나무가 나에게 올가미를 씌우는 가시인지, 나를 포근하게 품어 줄 따뜻한 나무인지 모르고 밀고 들어가는 무지막지한 짐승이 양입니다. 들이받을 뿔도 없고, 물어뜯을 이빨도 없습니다. 잘 달릴 수 있는 발도 없고,

꿀벌처럼 독침도 없고, 스컹크처럼 냄새를 풍기지도 못합니다. 목자가 돌보아 주어야만 살 수 있는 짐승이 양입니다.

　에스더는 이방 땅에 끌려와 살았던 포로의 딸이었습니다. 어떤 사고였는지 모르지만 그녀의 아버지와 어머니는 일찍 세상을 떠났습니다. 돌보아 줄 부모가 없습니다. 이방 나라에 포로로 끌려와 지켜 줄 나라도 없습니다. 자기 자신을 지키고 돌볼 아무런 힘이 없었습니다. 권력도 없고 빽도 없었습니다. 포로들이 고향땅으로 돌아갑니다. 가서 고국을 건설하자고 일어서서 가는데, 가는 길을 모릅니다. 가는 방법도 모릅니다. 어찌할 수 없어 그 땅에 살던 사촌오빠 밑에서 자라던 소녀였습니다. 하나님이 지키고 돌보지 않으셨다면 목숨 부지하고 살 수조차 없는 가련한 소녀였습니다.

　어린 양이나 에스더와 같이 약하고 약한 나라가 우리나라입니다. 한 마리 어린 양처럼, 나라 잃은 고아 에스더처럼, 나라를 빼앗기고 핍박받던 이 나라를 하나님이 돌보셨습니다. 그리고 우리의 힘이 아닌 100% 하나님의 은혜로 이 땅을 해방시켜 주셨습니다. 몸서리치게 가난하고 배고팠던 이 백성을 하나님께서 부요케 하셨습니다.

　지금도 마찬가지입니다. 우리의 문제는 우리가 해결한다며 당당하게 대통령님이 운전자론을 가지고 조정합니다만, 그리고 다른 분들이 동의를 해 주셔서 참 감사하지만, 어느 한 나라도 "너는 아니다. 운전자가 아니다. 뒷자리에 앉아라."라고 한다면 끝나는 것입니다.

미국, 러시아, 중국과 같은 세계 군사강국들 틈바구니에 끼어 있는 게 우리나라입니다. 미국, 중국, 일본을 비롯한 세계 경제 대국들이 우리를 파묻고 있습니다. 사실 우리는 스스로를 지켜 낼 힘이 없습니다. 세계에서 힘이 없는 정의는 우롱을 당합니다. 주변 강대국 중 그 누가 우리나라의 통일을 지지하고 원할까요? 세계의 줄다리기 그 중심에 서 있는 나라가 바로 이 나라입니다.

에스더를 왕궁으로 이끌어 가시던 눈에 보이지 않는 그 커다란 손길인 하나님의 은혜, 사랑, 은총만이 이 백성의 힘이요, 뼈이요, 우리가 붙들 끈입니다. 그래서 더욱더 하나님만 붙들고 기도해야 합니다. 하나님께 매달려서 울부짖어야 합니다. 에스더를 이끌며 역사를 운행하시는 그 큰 손길로, 가련한 소녀를 페르시아 궁으로 들여보내신 하나님의 손길로 미국을 움직이고, 중국을 감동시키고, 러시아와 북한을 움직여 달라고 기도하는 것입니다.

"주여, 이 나라를 통일시켜 주시옵소서.

주여, 한반도 비핵화 평화를 주시옵소서.

자유 대한민국을 우리에게 물려주시옵소서.

이 나라가 주의 나라, 이 백성이 주의 백성 되게 해 주시옵소서."

2.
하나님의 시간

여기 대한민국의 구석진 자리에서 우리가 모여 기도하지만 하나님은 우리의 작은 신음에도 응답하시고, 우리의 부르짖음을 귀 기울여 들으실 것입니다.

'우리가 믿는 대로 하나님이 천지를 창조하셨다. 누가 뭐라 하더라도 역사의 운행자요, 주관자는 하나님이시다. 우연은 없다. 반드시 하나님의 계획 안에서 역사가 흘러간다.' 이 믿음 때문에 기도할 수 있는 근거가 생긴 것입니다. 그러므로 우리 예수 믿는 사람들은 어떤 일이 있더라도 "재수 없다."느니, "재수가 좋아서"라는 말을 써서는 안 됩니다. 모든 것은 하나님의 계획과 역사 스케줄대로, 하나님의 운행 시간대로 흘러가기 때문입니다.

성경에 보면 이 땅을 구원할 메시야가 태어난다고 예언했는데 그 마을이 베들레헴이라고 기록되어 있습니다. 그렇다면 예수님이 탄생하기 위해서는 베들레헴 한 여인의 몸에 잉태되어 있어야 합니다. 하나님의 사자의 예고대로 예수님을 잉태한 이 처녀는 360리, 곧 약 150km나 떨어진 갈릴리 나사렛 마을에 사는 마리아였습니다. 열 달이 지나면 아기가 태어나게끔 되어 있습니다. 갑자기 가이사 아구스도가 즉위 19년 만에 모든 백성들에게 고향땅으로 가서 호적을 신고하라 명령을 내립니다. 본적을 등록하라는 것입니다. 공교롭게도 요셉과 마리아의 고향이 베들레헴이었습니다. 그래서 베들레헴으로 가고 있는 것입니다. 기가 막힌 하나님의 섭리, 하나님의 시간입니다.

조금만 늦게 명령을 내렸으면 아기를 낳아서 안고 가야 합니다. 조금만 일찍 명령을 내렸으면 갔다 와서 아기를 낳아야 합니다. 그러면 구약성경의 예언이 무효화됩니다. 하나님이 정확한 시간을 계산하셔서 아구스도로 하여금 호적 명령을 내리게끔 하신 것입니다. 하나님이 한 여인의 생리법칙을, 하나님을 알지 못하는 이방 나라의 한 왕의 정치수단을 이용하셔서 역사의 수레바퀴를 굴리고 계신 것입니다.

생각해 보세요. 마리아는 나귀를 타고 갑니다. 요셉은 고삐를 잡았습니다. 나귀의 보폭이 계산되어야 됩니다. 나귀가 먼저 갈 수도 없고 걸어가는 사람과 같이 가야 됩니다. 정확히 베들레헴에 도착했을 때 아기가 태어나야 합니다. 거리가 계산되어집니다. 나귀와 함께 가는 요셉의 보폭이 계산되어집니다. 정확하게 도착했을 때 체력이 측정되어야 합니다. 믿음이 없었더라면 요셉이 투덜거릴 수밖에 없습니다. 갑자기 왜 호적신고를 하냐고, 배부른 사람은 나중에 하면 안 되냐고 불평하면서 갔을 것입니다.

우리가 이 땅에서 살 때에 하나님을 믿지 않으면, 하나님의 섭리를 믿지 않으면 불평하면서 살아가게 됩니다. "왜 나만 이렇게 차별하시지?" 온갖 문제 속에 짓눌려 있을 때 그것을 어떻게 해석하고, 어떻게 이기느냐의 차이입니다. 하나님을 믿지 않으면 투덜거리는 불평꾼이 되어 버리고 맙니다.

우리가 아파하는 자리, 울고 있는 그 자리에 하나님이 함께 계십니다. 우리의 모든 고된 여정 가운데 하나님의 손길은 여러분을 떠난 적이 없으심을 믿으시기 바랍니다. 하나님은 한 번도 우리를 떠나신 적이 없습니다. 머리털까지 세십니다.

손톱을 깎은 다음에는 모아서 버리지요. 그러나 머리털은 몇 개 빠져 있어도 툴툴 털어 버립니다. 서양 사람들의 황금머리털은 14만 개 정도 됩니다. 동양 사람들의 까만 머리털은 10만 5천 개 정도 됩니다. 빨강 머리털은 9만 개 정도 됩니다. 하나님은 왜 우리 머리털을 세고 계실까요? 하나님께서 천지 우주만물을 창조하셨지요, 역사는 자연 질서대로 움직여 가지요, 인간들은 똑똑해서 하나님 없이도 잘 굴러가지요. 심심하니까 장기 두듯이 "너 이리 와! 머리털 한번 세어 보자." 하시며 하나님께서 할 일이 없어서 머리털을 세고 계시는 것입니까? 아닙니다. 정작 나 자신도 내 머리털에 관심이 없고 몇 개 빠지는지 모르지만, 우리 하나님은 나도 기억하지 못하는 일, 관심 없는 일까지도 살피고 계십니다. 아무리 작은 일이라도 깊은 관심으로 우리를 돌보신다는 것입니다.

♪ 너 근심 걱정 말아라 주 너를 지키리
주 날개 밑에 거하라 주 너를 지키리
주 너를 지키리 아무 때나 어디서나
주 너를 지키리 늘 지켜 주시리

3.
우연일까요?

에스더는 하나님의 손에 이끌려 왕비를 뽑기 위한 궁녀학교에 들어갑니다. 궁녀들을 돌보는 헤개라는 학교장이 에스더를 아끼고 돌보아 줍니다. 누군지도 모르고, 만난 적도 없습니다. 청탁한 사람도 없습니다. 그런데도 에스더를 보자마자 아꼈다는 것입니다. 헤개가 제 곁에 있다면 물어보고 싶습니다. 에스더의 어떤 면이 당신의 마음을 사로잡았느냐고 말입니다. "에스더는 분명 순수하고 소박하고 예쁘고 품성이 아름다웠습니다. 그런데 그 정도의 미모와 품성을 갖춘 처녀는 얼마든지 있었을 것입니다. 단지 그것 때문에 마음이 끌린 것은 아닙니다. 에스더에게 왜 마음이 끌렸는지 나도 잘 모르겠습니다. 그냥 사랑스러웠습니다. 그냥 좋았습니다." 어쩌면 헤개의 대답이 이랬을지 모르겠습니다. 헤개의 눈에 '그냥 좋게 보인' 이 마음은 누가 주신 것일까요? 하나님이 역사하신 것입니다. 성령님이 임하시면 내가 하는 이 기도가 하나님의 뜻과 저절로 딱 맞아떨어지게 됩니다. 나도 모르게 기도하지만 하나님이 나를 위하여 만들어 놓으신 멋진 세계 안으로 초대되고, 그곳에 예비된 하나님의 복된 창고를 열게 되는 것입니다. 성령이 임하시면 이렇게 됩니다. 무엇을 기도해야 할지 모르겠고, 계획도 없지만, 나도 모르게 중얼중얼 기도하는데 내 영혼이 하늘나라로 가서 꽂히는 것입니다.

드디어 에스더에게 운명의 날이 찾아왔습니다. 오늘은 왕 앞에 서는 날입니다. 왕은 에스더를 보자마자 왕비로 선택했습니다. 에스더 뒤에 온 궁녀들은 왕 앞에 서 보지도 못하고 탈락한 것입니다. 왕은 나머지 궁녀들에게 아무 관심이 없습니다. 왕은 즉시 에스더의 머리에 면류관을 씌우고 큰 잔치를 베풉니다. 얼마나 기분이 좋았던지 각 지방에 세금을 면제해 주고, 왕비가 선택되었음을 만방에 선포합니다. 아하수에로 왕이 지금 곁에 있다면 물어보고 싶습니다. 에스더의 어떤 면이 당신의 마음을 사로잡았느냐고 말입니다. 그는 아마도 이렇게 말하지 않을까요? "그냥 마음이 끌렸습니다. 좋은 것은 좋은 것이여! 그냥 좋았습니다." 그냥 에스더가 좋은 이 마음을 누가 주었을까요? 누가 헤개에게 이 마음을 주었을까요? 누가 아하수에로 왕에게 이 마음을 주었을까요? 이게 우연일까요?

왕이 에스더를 처음 만나고 나름 대화를 했을 것입니다. 일반적이라면 기초적인 궁금한 점을 한두 가지라도 물었을 것입니다. 그때 "너는 어느 민족 사람이냐? 네 부모는 무엇을 하는 사람이냐?" 이런 간단한 두 가지 질문을 했다면 그 순간에 끝장이 났을 것입니다. 모르드개가 왕 앞에 나가는 에스더에게 유대인이라는 말, 뉘 집 자식이라는 말, 아버지와 어머니가 없다는 말 등은 왕이 묻기 전에 하지 말라고 다짐해서 보냈습니다. 그런데 그날따라 왕이 그것에 대해 묻지도 않았습니다. 에스더가 유대인이란 사실을 왕이 알게 된 것은 에스더가 자기 민족이 위기에 빠져 죽으면 죽으리라고 결단하고 왕에게 찾아갔을 때입니다. "내 동족이 죽게 생겼습니다."라고 간청할 때에 "네 동족이 누구냐?" 하고 물으면서 알게 된 것입니다.

여러분, 이 모든 것이 우연일까요? 분명히 우연 뒤에 숨어서 역사하시는 분, 눈에 보이지 않는 하나님의 커다란 손길이 역사하신 것입니다. 하나님이란 단어가 한 번도 나오지 않지만 매 사건마다, 매 장마다, 매 구절마다 모든 단어 뒤에서 운행하시는 하나님의 힘 있는 손길이 느껴집니다. 이것이 에스더를 움직이고, 왕을 움직이고, 헤개를 움직이고 있는 것입니다. 이것을 신학적으로 '섭리'라고 합니다. 하나님의 섭리! 역사에 우연은 없습니다. 하나님의 섭리와 간섭이 있을 뿐입니다.

4.
우연은 없다!

에스더 2장 말미에 정말 우연 같은 사건 하나가 기록되어 있습니다. 이 기록이 후에 유대민족이 구원받는 데 엄청난 일을 하게 된다는 것을 우리는 잘 압니다. 그러나 지금은 터무니없는 사건, 얼토당토 않는 일들로 전개되어 있습니다.

대궐 문지기로 있던 모르드개가 어느 날 우연히 왕을 죽일 음모를 꾸미는 이야기를 듣게 됩니다. 그 사람의 이름까지도 정확하게 성경은 기록하고 있습니다. 모르드개는 이 사실을 은밀히 에스더에게 전합니다. 에스더는 함부로 말하지 않고, 모르드개의 이름으로 이 음모를 왕에게 전합니다. 모든 전모가 밝혀지고 역모자들은 처단됩니다. 그리고 이 일의 전모가 왕의 궁중일기에 기록됩니다. 그러나 왕은 엄청난 공을 세운 모르드개에게 상 주는 일을 잊어버립니다. 모르드개와 에스더는 섭섭한 마음이 들었을 것입니다.

모르드개가 우연히 역모를 듣게 된 것일까요? 에스더가 모르드개의 이름으로 고한 것이 우연일까요? 모르드개가 상을 받지 못하고 잊혀진 것이 우연일까요? 요셉이 감옥에서 술 맡은 관원장에게 잊혀진 것이 우연일까요? 기다림도 하나님의 뜻입니다. 역사 무대에서 잊혀지는 것도 하나님의 뜻입니다. 기도했지만 응답이 늦어지는 것도 하나님의 뜻입니다. 이 모든 것들이 후에 민족을 구원하는 일에 어떻게 사용되는지 우리는 잘 알고 있습니다.

에이든 토저(Aiden Wilson Tozer) 목사님의 저서 『하나님의 길에 우연은 없다』라는 책이 있습니다. 너무 절박해서, 너무 아파서, 너무 힘들어서 하나님 앞에 기도했습니다. 하나님이 그것을 거절합니다. 이건 말이 안 됩니다. '내가 뭘 잘못했길래 하나님이 나를 미워해도 이렇게 미워할 수가 있어?' 억울하고 분통이 터져서 가슴을 쥐어뜯고 밤을 지새웁니다. 그런데도 하나님의 섭리를 믿는다면 기뻐하라는 것입니다. 기도가 거절된 것이 이해가 안 되고, 용납이 안 되어도 반드시 하나님의 뜻이 나타나게 될 것이며, 하나님의 은혜는 세상의 도움 없이도 이루어지기 때문에 기뻐하라는 것입니다. 하나님의 은혜는 누구의 도움 없이도 이루어지고, 그 역사가 나타납니다. 하나님의 은혜는 누구의 도움 없이도 우리에게 나타납니다.

기도하는 가운데 갑자기 감동이 밀려왔습니다. 목사님을 찾아가면 해결해 줄 거라 믿고 목사님을 찾아갔더니 "난 몰라." 합니다. 그래서 하나님 앞에서 통곡합니다. 그러면 됩니다. 목사의 도움 없이도, 재벌의 도움 없이도, 정치가의 도움 없이도, 누구의 도움 없이도 하나님의 은혜는 역사하십니다. 일하십니다. 이루어집니다. 악을 이용해서라도 하나님의 은혜는 작동하게 됩니다. 당신의 약점과 실수를 통해서도 하나님의 은혜는 작동되는 것입니다.

왜일까요? 역사의 주인은 하나님이시니까, 이 나라의 주인은 하나님이시니까, 미국과 중국, 러시아 강대국들의 주인은 하나님이시니까 말입니다. 이 모든 게 우연입니까? 우연은 없습니다. 하나님의 섭리가 있을 뿐입니다. 온 우주를 만드신 분이 하나님이십니다. 하늘도 하나님의 것이고, 땅도 하나님의 것이고, 권세도 하나님의 것이고, 부도 하나님의 것입니다. 우리 인생의 모든 길을 여시는 분은 오직 하나님이십니다.

ESTHER

5장 /

무릎 꿇지 마라

모르드개여,

에스더 3 : 1~15

¹ 그 후에 아하수에로 왕이 아각 사람 함므다다의 아들 하만의 지위를 높이 올려 함께 있는 모든 대신 위에 두니 ² 대궐 문에 있는 왕의 모든 신하들이 다 왕의 명령대로 하만에게 꿇어 절하되 모르드개는 꿇지도 아니하고 절하지도 아니하니 ³ 대궐 문에 있는 왕의 신하들이 모르드개에게 이르되 너는 어찌하여 왕의 명령을 거역하느냐 하고 ⁴ 날마다 권하되 모르드개가 듣지 아니하고 자기는 유다인임을 알렸더니 그들이 모르드개의 일이 어찌 되나 보고자 하여 하만에게 전하였더라 ⁵ 하만이 모르드개가 무릎을 꿇지도 아니하고 절하지도 아니함을 보고 매우 노하더니 ⁶ 그들이 모르드개의 민족을 하만에게 알리므로 하만이 모르드개만 죽이는 것이 부족하다고 생각하고 아하수에로의 온 나라에 있는 유다인 곧 모르드개의 민족을 다 멸하고자 하더라 ⁷ 아하수에로 왕 제십이년 첫째 달 곧 니산월에 무리가 하만 앞에서 날과 달에 대하여 부르 곧 제비를 뽑아 열두째 달 곧 아달월을 얻은지라 ⁸ 하만이 아하수에로 왕에게 아뢰되 한 민족이 왕의 나라 각 지방 백성 중에 흩어져 거하는데 그 법률이 만민의 것과 달라서 왕의 법률을 지키지 아니하오니 용납하는 것이 왕에게 무익하니이

다 ⁹ 왕이 옳게 여기시거든 조서를 내려 그들을 진멸하소서 내가 은 일만 달란트를 왕의 일을 맡은 자의 손에 맡겨 왕의 금고에 드리리이다 하니 ¹⁰ 왕이 반지를 손에서 빼어 유다인의 대적 곧 아각 사람 함므다다의 아들 하만에게 주며 ¹¹ 이르되 그 은을 네게 주고 그 백성도 그리하노니 너의 소견에 좋은 대로 행하라 하더라 ¹² 첫째 달 십삼일에 왕의 서기관이 소집되어 하만의 명령을 따라 왕의 대신과 각 지방의 관리와 각 민족의 관원에게 아하수에로 왕의 이름으로 조서를 쓰되 곧 각 지방의 문자와 각 민족의 언어로 쓰고 왕의 반지로 인치니라 ¹³ 이에 그 조서를 역졸에게 맡겨 왕의 각 지방에 보내니 열두째 달 곧 아달월 십삼일 하루 동안에 모든 유다인을 젊은이 늙은이 어린이 여인들을 막론하고 죽이고 도륙하고 진멸하고 또 그 재산을 탈취하라 하였고 ¹⁴ 이 명령을 각 지방에 전하기 위하여 조서의 초본을 모든 민족에게 선포하여 그날을 위하여 준비하게 하라 하였더라 ¹⁵ 역졸이 왕의 명령을 받들어 급히 나가매 그 조서가 도성 수산에도 반포되니 왕은 하만과 함께 앉아 마시되 수산 성은 어지럽더라

1.
주기철 목사님

　　　　　일제강점기에 한국교회와 우리 민족은 신사참배를 강요당했습니다. 이 일은 하나님께만 경배하라는 성경말씀에 위배된다고 하여 버티고 또 버텼습니다. 공갈과 협박, 온갖 핍박과 불의를 견디지 못한 천주교가 먼저 신사참배는 국민의례에 불과하다 결의하고 신사참배를 했습니다. 이어 감리교 총회와 장로교 총회도 신사참배를 수락했습니다.

　그러나 뜻있는 목사님들과 교회는 이를 거부하고 순교의 길을 갔습니다. 그 가운데 대표적인 분이 평양 산정현교회의 주기철(朱基徹) 목사님입니다. "신사참배는 하나님께 대한 배신입니다."라며 한 번 죽지 두 번 죽지 않는다는 일사각오의 결의를 다졌습니다. 죽을 각오로 항거했습니다. 일제는 평양 산정현교회 교인들을 모아 놓고 주기철 목사님을 못이 박힌 널빤지 앞에 세웠습니다. 성도들이 신사참배를 하지 않는다면 주기철 목사님이 이 널빤지 위를 걸어가야 한다고 협박하며 목사님의 양쪽 팔을 붙들고 서 있었습니다. 그때 목사님은 성도들에게 간절하게 호소했습니다. "사랑하는 교우 여러분, 나 주기철을 생각해서는 안 됩니다. 오직 주님만 생각하셔야 합니다. 우리의 왕은 하나님이십니다."

성도들이 신사에 절하기 전에 목사님이 못 박힌 널빤지 위에 발을 올려놓았습니다. 일어서는 순간 발을 파고드는 못을 빼기가 버겁습니다. 겨우 빼고 다음 발걸음을 옮기고 옮겨 널빤지를 지나갑니다. 이후에 주기철 목사님은 투옥되고 또 투옥되었으며, 1940년 산정현교회는 폐쇄당하고, 일제에 의하여 목사님은 목사직을 파면당했습니다.

일제는 감옥에서 목사님을 거꾸로 매달아 그네를 태우듯 밀어 놓고 다시 밀려오면 목검으로 온몸을 내리쳤습니다. 거꾸로 매달린 목사님의 코와 입에 고춧가루물을 붓기도 했습니다. 저들은 인면수심으로 목사님께 모진 고문을 가했습니다. 추위에 온몸에 피멍이 들고, 살이 썩어 들어가자, 일제는 주기철 목사님이 고문으로 죽을까 봐 잠깐 집에 다녀오게 합니다. 그때 사모님이 주기철 목사님에게 간곡하게 말합니다. "목사님, 반드시 승리하실 것입니다. 살아서 감옥을 나오면 배신자입니다. 한 알의 썩은 밀알이 되어 신사참배로 더러워진 이 조선교회를 구해 주세요." 그리고 사모님은 주기철 목사님을 다시 감옥으로 보냅니다.

주기철 목사님이 감옥에 들어가기 전에 했던 마지막 설교 가운데 이런 대목이 나옵니다.

주님을 위하여 오는 고난을 내가 피하였다가 이 다음에 내 무슨 낯으로 주님을 대하오리까? 주님을 위하여 이제 당하는 수욕을 내가 피하였다가 이다음에 주님이 "너는 내 이름과 평안과 즐거움을 다 받아 누리고 고난의 잔은 어찌하고 왔느냐?" 물으시면 내가 무슨 말로 대답하랴! 주님을 위하여 오는 십자가를 내가 이제 피하였다가 이다음에 주님이 "너는 내가 준 유일한 유산인 고난의 십자가를 어찌하고 왔느냐?" 물으시면 내가 무슨 말로 대답하랴!

그리고 불렀던 찬송이 찬송가 158장입니다.

서쪽 하늘 붉은 노을 언덕 위에 비치누나
연약하신 두 어깨에 십자가를 생각하니
머리에 쓴 가시관과 몸에 걸친 붉은 옷에
피 흘리며 걸어가신 영문 밖의 길이라네

한 발자국 두 발자국 걸어가는 자국마다
땀과 눈물 붉은 피가 가득하게 고였구나
간악하다 유대인들 포악하다 로마 병정

걸음마다 자국마다 갖은 곤욕 보셨도다

눈물 없이 못 가는 길 피 없이는 못 가는 길
영문 밖의 좁은 길이 골고다의 길이라네
영생의 복 얻으려면 이 길만은 걸어야 해
배고파도 올라가고 죽더라도 올라가세

저의 어머니도 낡은 옛 성경을 펼쳐놓고 가끔 이 찬송을 부르곤 하셨습니다. 주기철 목사님은 1년만 더 견디셨으면 광복의 빛을 보셨을 텐데, 광복 1년을 남겨 놓고 순교하셨습니다.

2.
유대인과 아말렉

에스더서 1장은 와스디가 중심인 장이라 할 수 있습니다. 와스디 왕후는 똑똑하고 분별력이 있었지만, 얼마든지 양보하고 타협할 수 있는 일이었는데도 자기주장만 내세우다가 폐위당한 비운의 여인입니다. 서두에서 우리가 속으로 중얼거렸던 말이 있습니다. "한 번 져 주지~ 바보."

에스더 2장은 에스더가 중심인 장이었습니다. 그녀는 이방 땅에 포로로 끌려왔던 포로 2세 소녀였습니다. 아버지, 어머니가 일찍 세상을 떠난 후에는 사촌오빠 밑에서 자랐습니다. 그가 어떻게 왕궁으로 들어가 왕후가 될 수 있었는지에 대해 성경은 우리에게 두 단어로 설명합니다. 우선, "이끌려"라는 동사인데, 수동형입니다. 모르드개가 강요한 것도 아니고, 자기 스스로 들어갔던 것도 아닙니다. 왕후가 되려고 애쓰지 않았지만 누군가에게 이끌려 왕후의 자리에 앉게 되었다는 것입니다. 주어가 없는 수동형인데, 에스더서에 한 번도 그 이름이 등장하지 않는, 그러나 매 구절마다, 매 사건마다 그 향기와 역사의 발자취를 느낄 수 있었던 하나님의 손길입니다. 에스더서는 전지전능하신 하나님의 손에 이끌려 된 것이니, 역사의 주인은 하나님이시라고 웅변하고 있습니다. 그리고 "은혜"라는 단어입니다. 이는 하나님의 '헤세드'를 말합니다. 아무 조건도, 자격도, 노력도 없었지만, 무조건적인 하나님의 은혜, 곧 하나님의 헤세드에 의하여 왕궁으로 들어가 왕후가 된 것입니다.

에스더 3장은 주로 하만에 대해 다루고 있습니다. 교만하여 망한 인생, 하나님의 백성을 미워하다가 하나님의 미움을 산 인생, 남을 매달기 위해 사형틀을 만들어 세웠다가 그 형틀에 자신이 매달려 죽은 미련퉁이 하만의 이야기입니다. "악에서 구하소서." 기도할 때마다 하만이 악을 상징하는, 영적으로 마귀를 상징하는 존재가 되어 버리고 말았습니다. 하만에게 무릎 꿇지 말라는 것은 어떤 일이 있어도 하나님 앞에 설 때까지 마귀에게 무릎을 꿇지 말라는 것입니다.

이 에스더서를 통해 유대인이 구출된 해방절 곧 부림절이 시작됩니다. 지금도 유대인들은 부림절이 되면 회당에 모여 에스더서를 1장 1절부터 마지막 장 마지막 절까지 읽습니다. 읽는 도중 "하만"이란 이름이 나오면 일제히 발을 구르며 밟습니다. 그리고 "그의 이름을 지워 버려라! 그의 이름을 밟아라!" 하고 외칩니다. 그리고 계속해서 성경을 읽어 내려갑니다.

'악'을 상징하는 하만이란 사람이 누구입니까? 에스더 3 : 1 본문에는 "아각 사람 함므다다의 아들 하만"이라고 나옵니다. 그렇다면 여기서 아각은 또 누구일까요? 사무엘상 15장에 보면 하나님께서 사울 왕에게 아말렉을 진멸하라고 명령하십니다. 이들은 출애굽 하는 과정 속에서 하나님의 백성들의 거룩한 행진을 방해했던, 악을 상징하는 족속입니다. 그래서 사울에게 "너는 그 백성을 진멸하라. 누구도 남겨서는 안 된다."고 말씀하신 것입니다. 악한 무리들이 사용하던 어떤 도구도 남겨서는 안 되고, 저들에게 속한 모두 짐승들은 물론 그 새끼까지도 모두 진멸하라고 말씀하신 것입니다.

당시 사울 왕에게 아말렉을 무찌를 수 있는 기회와 힘이 주어졌지만, 그는 순종하는 듯 불순종합니다. 그래서 병든 것, 몹쓸 것들은 불태우고, 좋은 양, 좋은 소들은 취합니다. 보물들을 취하고, 아말렉 족속을 살려 둔 것입니다. 여기서 말하는 아말렉은 에서의 아들이 첩을 얻어서 낳은 아들의 이름을 말합니다. 본문에 나오는 아각은 이 당시 아말렉의 왕이었습니다. 그러니 하만은 아말렉 왕족의 자손인 것입니다.

출애굽기 17장에는 모세와 여호수아의 전쟁 이야기가 나옵니다. 여호수아는 젊은이들을 이끌고 전쟁터에 나아가서 아말렉과의 전쟁을 치릅니다. 그러나 모세는 산 위에 올라서 하나님의 능력, 하나님의 임재를 상징하는 지팡이를 손에 들고 축복합니다. 모세의 손이 올라가면 여호수아와 이스라엘 백성들이 이기고, 그 팔이 피곤하여 내려오면 아말렉이 이겼습니다. 그러자 형 아론과 매형 훌이 함께 올라가서 모세의 양쪽 팔을 붙듭니다. 이 팔이 내려오지 않도록 함께 견뎌 냅니다.

> "모세의 팔이 피곤하매 그들이 돌을 가져다가 모세의 아래에 놓아 그가 그 위에 앉게 하고 아론과 훌이 한 사람은 이쪽에서, 한 사람은 저쪽에서 모세의 손을 붙들어 올렸더니 그 손이 해가 지도록 내려오지 아니한지라"(출 17 : 12).

누구도 하루 종일 팔을 들고 있기 힘듭니다. 하물며 노인이었던 모세는 어땠을까요? 아마도 근육에 경련이 일어났을 것입니다. 세 사람은 온몸에 힘이 쭉쭉 빠질 때마다 팔을 붙들어 주며 서로 격려했을 것입니다. "이 나라의 젊은이들을 위하여, 조국의 미래를 위하여, 전쟁터에서 피 흘리는 자손들을 위하여 우리의 기도의 팔이 내려오면 안 되네. 그러면 나라가 망하네. 힘내세." 하며 서로 격려하면서 버텨 냈던 그 전쟁이 아말렉과의 전쟁입니다.

하만에게 핍박을 받으며, 그와 맞서 싸우는 모르드개는 누구입니까? 그는 하나님이 아말렉 족속을 진멸하라고 명령하시고 기회를 주셨건만, 불순종하여 아말렉 족속을 살려 주었던 사울 왕의 후손입니다. 얼마든지 죽일 수 있었는데 죽이지 않고 살려 두었더니, 악을 짓밟아야 했는데 살려 두었더니 그것이 문제가 된 것입니다. 아말렉 왕족 아각의 후손인 하만의 손에 의하여 사울 왕의 후손인 모르드개와 그 민족이 큰 위기를 맞이하게 된 것입니다. 포로로 끌려갔던 곳에서 돌아오지도 못하고 이국 땅 페르시아 전 지역에 남아 있는 유대인들이 이제는 돌아와야 하는데 도리어 아말렉 족속으로 인하여 멸절할 위기를 맞이하게 된 것입니다.

3.
모르드개, 무릎 꿇지 않다

에스더 3 : 1 역시 "그 후에"라는 말로 시작합니다. 2장 후반의 어떤 사건 후에, 모르드개가 성문에서 왕을 죽이기 위해서 모의하던 반역꾼들의 이야기를 듣습니다. 그들의 이름이 성경에 기록되어 있습니다. 모르드개가 이 사실을 에스더에게 전하고, 에스더가 왕에게 전했습니다. 그러자 조사단이 파견되었고, 역모꾼들은 잡혀 목이 달아나게 됩니다. 그리고 성경에 묘한 기록이 남겨져 있습니다.

"그 일을 왕 앞에서 궁중 일기에 기록하니라"(에 2 : 23).

그 일에 관련하여 모르드개에게는 어떤 보상도 없었습니다. 우리가 생각할 때 "그 후에" 어떤 내용이 기록되어야 하겠습니까? 그것은 당연히 왕이 모르드개를 불러서 "너의 공로가 아니었다면 내 목이 달아날 뻔했구나. 너로 말미암아 내가 살았다."고 말하며 총리대신으로 삼는 내용으로 사건이 전개되어야 합니다. 그런데 모르드개는 아무런 보상도 받지 못하고, 오히려 잊혀져 버렸습니다. 이런 사건 이후의 이야기입니다.

엉뚱하게도 총리대신이 된 사람은 하만이었습니다. 그리고 왕에게 경배하듯이 하만에게 무릎 꿇고 절해야만 하는 사건이 일어납니다. 공로를 세운 모르드개는 잊혀지고, 원수 하만이 높아지는 터무니없는 일이 이 장에서 펼쳐집니다. 어쩌면 피를 토하고 죽을 일이지요. 이 일이 빌미가 되어 하만은 유대인을 모두 죽일 음모를 꾸밉니다.

본문에 나오는 성문은 문지기들이 모여 잡담을 나누는 그런 곳이 아닙니다. "성문에서 칭송을 받는다"는 말씀에서 말하는 '성문'은 성 밖과 성 안의 정치인들이 모여서 정책을 논하고 토론하는 국회의사당 같은 자리입니다. 그곳은 정치를 논하는 자리입니다. 의논하는 자리입니다. 모일 때마다 왕에게 경배합니다. 그렇듯 하만에게도 무릎을 꿇고 절하게 했습니다.

모르드개는 무릎도 꿇지 않고, 절하지도 않았습니다. 모르드개를 아끼는 사람들이 말합니다. "자네, 그러다 큰일 나. 무릎 한 번 꿇는다고 죽나? 절한다고 세상이 뒤집어지나? 자네, 왜 왕명을 거역하는가?" 이에 대해 모르드개는 "나는 유대인이기 때문일세."라고 밝힙니다. 이것이 하만에게 전해지고 하만은 이것을 기회로 삼아 모르드개를 처형하려고 합니다. 이 기회에 원수의 나라라고 생각했던 유대인들의 씨를 말려야겠다고 결심합니다. 그리고 모든 양과 재산을 약탈해도 좋다는 왕의 결재를 받아 내게 됩니다.

생각해 보십시다. 모르드개 한 사람이 교만함 때문에, 모르드개 한 사람이 절하지 않는다는 이유로 유대인 전체가 진멸당할 위기를 맞이하게 됩니다. 이 일에 대해 칭찬할 수 있을까요? 잘한 일일까요? 다만 모르드개가 어떤 이유로 절하지 않았는지 우리는 짐작만 할 뿐입니다.

신약성경과 구약성경 중간기에 기록된 외경이라고 하는 책이 있습니다. 외경에 있는 에스더 부록편 13 : 12~14을 보면 그 이유를 짐작할 수 있습니다. 모르드개의 기도문 중에 나오는 말입니다.

"당신은 만물의 주님, 주님이신 당신께 맞설 자 없습니다. 당신께서는 모든 것을 알고 계십니다. 방자한 하만에게 무릎을 꿇고 절하지 않음은 제가 교만해서도, 오만해서도, 명예를 좋아해서도 아님을 주님 당신께서는 아십니다. 이스라엘의 구원을 위해서라면 그의 발바닥에라도 기꺼이 입 맞추어서 오리다. 제가 그렇게 행동한 것은 인간의 영광을 하나님의 영광 위에 두지 않으려는 것이었습니다. 저의 주님이신 당신 말고는 아무에게도 무릎을 꿇고 절하지 않으오리니 제가 이렇게 함은 교만 때문이 아닙니다."

4.
제비뽑기

하만은 자신에게 절하지 않는 모르드개와 그의 민족 유대인들에게 적개심을 드러냅니다. 유대인을 다 죽이기로 하고 왕의 허가를 받아 냅니다. 유대인을 모두 죽일 날짜를 정합니다. 제비를 뽑아 점쟁이가 점괘로 날짜를 정합니다. 날짜를 1년 후쯤으로 정하고, 치밀한 계획을 짤 수 있는 기회를 만듭니다. 우리 성경에는 "부르 곧 제비를 뽑아"(에 3 : 7)라고 되어 있는데, 외경에는 "주사위를 던졌더니" 이러이러한 날짜가 정해졌다고 되어 있습니다. 제비를 뽑아, 주사위를 던져 유대인을 죽일 날짜를 정했습니다. 그런데 공교롭게도 그 날짜는 아말렉이 죽는 날짜가 되었습니다.

여기에 하나님의 역사, 하나님의 섭리의 손길이 있는 것입니다. 하나님의 주사위는 하나님이 던지신다는 것입니다. 주사위를 인간이 던지고, 왕이 던지고, 하만이 던지는 것처럼 보이지만, 분명 역사의 주사위는 하나님이 던지십니다. 때로는 악이 이기는 것 같고, 불의가 이기는 것 같고, 정의가 우롱당하는 것 같고, 진리가 짓밟히는 것 같고, 기도가 땅에 떨어지는 것 같고, 하나님의 백성들이 약한 것같이 보이지만 역사를 운행하시는 분은 하나님이십니다. 부르, 곧 제비는 하나님이 뽑으십니다. 인사권은 하나님이 가지고 계십니다. 역사의 운행자는 하나님이십니다. 그리고 이것을 믿으며 기념하는 것이 부림절입니다.

왕은 자신을 경배하지 않는 민족이 있다는 하만의 말을 믿게 됩니다. 그리고 이 일에 경비가 필요할 테니 1만 달란트를 자신이 부담하겠다고 제안합니다. 왕은 하만에게 "그 돈은 자네가 쓰게. 나에게 절하지 않는 유대인들, 곧 나에게 무익한 족속들을 멸하는 데 쓰게."라고 말하며 모든 권한을 하만에게 맡기고 마음대로 하라고 왕의 반지를 어인으로 줍니다.

만약 사울 왕이 하나님께 순종했더라면 아말렉은 예전에 진멸당했을 족속이었습니다. 아말렉이 역사 무대에서 사라졌을 수도 있었습니다. 그러나 불순종한 사울 왕 한 사람 때문에 유대민족이 이런 위기를 맞이하게 된 것입니다. 매국노 한 사람 때문에 역사가 잘못된 길로 가고, 또 돌고 돌아서 제자리로 돌아오는 데까지 얼마나 많은 피를 흘려야 하고, 얼마나 커다란 고통을 감내해야 했습니까?

이에 하만은 역공을 펼치기 시작합니다. 유대인들을 진멸시킬 수 있는 모든 권한을 부여받고 쾌재를 부릅니다. 하나님의 백성들을 조롱합니다. 아마 그렇게 말했을 것입니다. "유대인, 너희들 손에 우리 조상들이 모조리 진멸될 뻔했지. 세상만사 새옹지마야." 그러나 새옹지마는 또 달라질 수 있습니다.

시편에 보면 "하늘에 계신 이가 웃으심이여"(시 2 : 4)라는 표현이 있는데, 당시 상황을 이렇게 표현할 수 있습니다. "어리석은 자들아, 역사가 그렇게 호락호락하더냐. 정의는 이긴다. 하나님이 돌리는 역사의 맷돌은 천천히 돌아가기 때문에 마치 악이 이기는 것처럼 보이지만, 반드시 하나님이 승리하느니라. 역사의 주인은 하나님이시다. 하나님의 백성들이여, 악에게 무릎 꿇지 마라. 최후의 심판대 앞에서 그대의 눈물을 닦아 줄 것이다."

5. 일본 기독교 순교자

제가 CBS재단 이사장으로 있을 때, 일본 기독교 순교지를 돌아본 적이 있습니다. 우리 교회 성도들을 포함하여 한국교회의 많은 성도들과 함께하는 여행이었습니다. 그때 일본 신사를 찾아가 보았습니다. 신사가 어떤 곳이며, 또 신사참배라는 게 어떤 것이었을까 궁금해서였습니다.

일제는 주기철 목사님께 예수님의 상을 밟으라고 강요했지만 목사님이 거부하자 못이 가득 박혀 있는 널빤지 위를 걷게 했습니다. 그런데 그곳에 그때 사용되었던 못이 준비되어 있었습니다. 물론 실제로 못을 밟지는 않고, 그 옆에 있는 통로를 지나면서 간접 체험을 해 보았습니다.

막부시대의 일본은 일왕에게 절하지 않겠다며 신앙의 도리를 포기하지 않은 일본 기독교인들을 발가벗겨 일본 전역을 끌고 다녔다고 합니다. 예수 믿는 것을 포기하지 않으면 이렇게 된다는 것을 보여 주고자 한 것이었습니다. 그들의 발바닥이 다 헤어집니다. 발바닥이 튼튼해서 벗겨지지 않은 사람들은 칼로 발바닥 피부를 벗겨서 몇 달을 끌고 다닙니다. 그리고 마지막에는 순교자 형틀이 세워져 있는 곳에 데려갑니다.

그중에 어린아이 하나가 있었다고 합니다. 그 아이가 "내가 매달릴 순교틀이 어디야?" 하고 달려갑니다. 형틀을 끌어안고 통곡하며 웁니다. 두려워서 우는 것이 아니라 너무 기뻐서 웁니다. "내가 하나님을 믿는 신앙을 지키다가 이제 순교할 수 있는 시간이 왔구나." 하며 철없는 어린아이가 제일 작은 형틀을 끌어안고 통곡하며 웁니다. 하나님께 감사의 찬송을 올리고 매달린 자랑스런 그들의 모습이 그곳에 새겨져 있습니다. 또 어떤 사람은 밀물과 썰물이 교차하는 바다에 묶어 놓고 바닷물이 밀려올 때 그 물을 마시고 순교하도록 했다고 합니다.

일본인은 기독교인들의 목을 자르면서도 기독교인들이 전한 부활을 두려워해서 순교자들이 부활하면 안 된다고 생각하여 그들의 목을 묻는 무덤을 따로 만들고, 언덕을 넘어 멀리 떨어져 있는 곳에 몸체를 묻는 무덤을 따로 만들었다고 합니다. 우리 일행은 목이 잘린 순교지에 무릎을 꿇었습니다. 그곳에서 죽어 갔던 순교자들을 생각했습니다. 그러면서 오늘 우리 앞에 이런 비극적인 역사가 펼쳐진다면 우리는 어떻게 할 것인지 생각해 보며 그룹별로 기도하는 시간을 가졌습니다. 그리고 목이 묻힌 무덤을 향하여 걸어 올라갔습니다. 언덕을 넘어서 몸체가 묻힌 곳을 돌아가는데, 또 다른 비극적인 장소가 있었습니다. 순교자들을 바위를 눕혀 놓고, 힘센 장수들이 두 다리를 양쪽에서 잡고서 바위에 내리쳐서 죽였다고 하는 순교의 바위였습니다. 그 주변은 습도가 높아 모든 바위와 돌멩이에 푸른 이끼가 끼어 있었습니다. 그런데 순교자의 두 다리를 잡고 내리쳐 머리를 부서뜨려 죽였던 순교의 돌에는 이끼가 끼지 않았습니다. 그래서 마을 사람들이 그곳을 두려워한다는 이야기를 듣기도 했습니다.

이것은 일본 기독교의 아이러니입니다. 대부분의 선진국들은 기독교 국가입니다. 그런데 일찍이 복음을 받아들인 일본 땅은 세계 어디에서도 볼 수 없을 정도로 복음에 있어서 척박한 땅이 되었습니다. 우리는 자주 '순교는 교회 부흥의 피'라는 표현을 듣습니다. 그런데 왜 일본에는 교회 부흥, 복음의 부흥이 없는 것일까요?

새벽예배를 인도하면서 요나서를 읽었습니다. '가 보고 싶지 않은 땅, 저들은 망해도 싸다. 저들에게 복음을 전하는 것은 있을 수 없는 일이다.' 하며 도망갔던 요나처럼, 순교지를 돌아보면서 피를 토하는 전율을 느꼈습니다. 그래서 '요나의 심정으로 일본 땅에 복음을 전합시다!'라고 설교했습니다. 그들의 핍박이 너무 잔혹해서, 신앙인들을 너무 잔인하게 죽였기 때문에 복음의 피가 메마른 것이 아닌가, 하나님께서 복음의 피를 거두신 게 아닌가 하는 생각이 들어서, 일본 땅이 너무 불쌍해서 눈물을 닦고 돌아왔습니다.

여러분, 믿음의 선진들은 나라를 지키기 위해서, 복음을 지키기 위해서, 진리를 지키기 위해서, 하나님께서 역사의 주인 됨을 지켜 내기 위해서 어떤 일을 했는지 너무나도 잘 아실 것입니다. 기도는 수고를 아끼지 않는 것이고, 나라를 위한 기도는 가슴앓이를 넘어서서 고통을 감당하는 것입니다. 전쟁을 이겨 내기 위해서는 모세처럼 근육이 떨리고 온몸에 힘이 빠지는 순간에도 기도의 자리를 지키며 버텨 내야 합니다.

ESTHER

ESTHER

6장 /

내게 내 민족을 주소서

에스더 4 : 1~17

¹ 모르드개가 이 모든 일을 알고 자기의 옷을 찢고 굵은 베 옷을 입고 재를 뒤집어쓰고 성중에 나가서 대성 통곡하며 ² 대궐 문 앞까지 이르렀으니 굵은 베 옷을 입은 자는 대궐 문에 들어가지 못함이라 ³ 왕의 명령과 조서가 각 지방에 이르매 유다인이 크게 애통하여 금식하며 울며 부르짖고 굵은 베 옷을 입고 재에 누운 자가 무수하더라 ⁴ 에스더의 시녀와 내시가 나아와 전하니 왕후가 매우 근심하여 입을 의복을 모르드개에게 보내어 그 굵은 베 옷을 벗기고자 하나 모르드개가 받지 아니하는지라 ⁵ 에스더가 왕의 어명으로 자기에게 가까이 있는 내시 하닥을 불러 명령하여 모르드개에게 가서 이것이 무슨 일이며 무엇 때문인가 알아보라 하매 ⁶ 하닥이 대궐 문 앞 성 중 광장에 있는 모르드개에게 이르니 ⁷ 모르드개가 자기가 당한 모든 일과 하만이 유다인을 멸하려고 왕의 금고에 바치기로 한 은의 정확한 액수를 하닥에게 말하고 ⁸ 또 유다인을 진멸하라고 수산 궁에서 내린 조서 초본을 하닥에게 주어 에스더에게 보여 알게 하고 또 그에게 부탁하여 왕에게 나아가서 그 앞에서 자기 민족을 위하여 간절히 구하라 하니 ⁹ 하닥이 돌아와 모르드개의 말을 에스더에게 알리매 ¹⁰ 에스더

가 하닥에게 이르되 너는 모르드개에게 전하기를 ¹¹ 왕의 신하들과 왕의 각 지방 백성이 다 알거니와 남녀를 막론하고 부름을 받지 아니하고 안뜰에 들어가서 왕에게 나가면 오직 죽이는 법이요 왕이 그 자에게 금 규를 내밀어야 살 것이라 이제 내가 부름을 입어 왕에게 나가지 못한 지가 이미 삼십 일이라 하라 하니라 ¹² 그가 에스더의 말을 모르드개에게 전하매 ¹³ 모르드개가 그를 시켜 에스더에게 회답하되 너는 왕궁에 있으니 모든 유다인 중에 홀로 목숨을 건지리라 생각하지 말라 ¹⁴ 이때에 네가 만일 잠잠하여 말이 없으면 유다인은 다른 데로 말미암아 놓임과 구원을 얻으려니와 너와 네 아버지 집은 멸망하리라 네가 왕후의 자리를 얻은 것이 이때를 위함이 아닌지 누가 알겠느냐 하니 ¹⁵ 에스더가 모르드개에게 회답하여 이르되 ¹⁶ 당신은 가서 수산에 있는 유다인을 다 모으고 나를 위하여 금식하되 밤낮 삼 일을 먹지도 말고 마시지도 마소서 나도 나의 시녀와 더불어 이렇게 금식한 후에 규례를 어기고 왕에게 나아가리니 죽으면 죽으리이다 하니라 ¹⁷ 모르드개가 가서 에스더가 명령한 대로 다 행하니라

1.
3.1운동과 에스더

　　우리 교회는 한국교회와 민족의 희망이 되고자 하는 간절한 열망을 가지고 구국의 제단을 쌓고 있습니다. 우리는 이 땅에서 그리스도인으로서 살아가며 공동체에 대한 큰 책임감을 가져야 합니다. 적어도 믿음의 선진들은 그렇게 살았습니다. 나라가 위급할 때 우리가 구국의 자리에서 무릎 꿇을 수 없다면, 때로는 교회가 커다란 어려움과 위기에 빠져 있을 때 그 공동체에 대한 책임감을 잃어버리고 살아간다면, 한 시대를 같이 살아가는 사람으로서 부끄러운 일이 아닌가 하는 생각을 하게 됩니다. 특별히 2019년은 한국교회가 민족의 명운을 책임졌던, 희망의 등불을 들었던 선진들의 아름다운 발자취를 따라가기로 다시 한 번 다짐해야 할 역사적인 정점에 서게 되는 해입니다.

　　"吾等은 玆에 我朝鮮의 獨立國임과 朝鮮人의 自主民임을 宣言하노라. 此로써 世界萬邦에 告하야 人類平等의 大義를 克明하며……."

피 끓던 젊은 시절, 주먹 쥐고 읊어 대던 이 구절을 기억하십니까? 3.1운동이 있은 지 어언 100년이 되었습니다. 대한민국 건국 후 많은 혁명과 정권 교체 그리고 헌법 개정이 있었지만, 헌법 전문의 첫 문장은 이렇게 되어 있습니다. "우리 대한민국은 3.1운동의 숭고한 독립정신을 계승하고……" 이처럼 3.1운동은 이 나라의 건국정신이 되고 있습니다. 뿐만 아니라 3.1운동은 세계사의 찬란한 등불이 되었습니다. 1919년 5월 4일 있었던 중국의 5.4운동, 필리핀의 독립시위운동, 인도의 비폭력 저항운동 등은 모두 3.1운동의 또 다른 불꽃이기도 합니다.

3.1운동이 있은 지 10주년이 되던 1929년 인도 간디의 스승 타고르가 캐나다 방문길에 잠깐 일본에 들렀을 때 〈동아일보〉의 도쿄 지국장 이태로의 부탁을 받고 썼다는 "동방의 등불"이라는 시가 있습니다.

> 일찍이 아세아(亞細亞)의 황금 시기(黃金時期)에
> 빛나든 등촉(燈燭)의 하나인 조선(朝鮮)
> 그 등(燈)불 한 번 다시 켜지는 날에
> 너는 동방(東方)의 밝은 빛이 되리라

3.1운동이 있은 지 이틀 후, 기독교계는 『경고! 아, 이천만 동포』

라는 제목으로 3.1운동은 곧 하나님의 운동임을 선포한 바가 있습니다.

"평화의 하나님, 자유의 하나님은 이제야 그 큰 손을 들어 침략주의를 타파하고 세계 수평선상에 평화의 낙원을 축조하여 자유의 무대를 건설하는도다."

누가 절망 중에 빠져 있는 이 민족, 이 백성에게 희망을 선포했습니까? 지금부터 100년 전 당시 이 나라 그리스도인은 전 국민의 1.3%인 20만 정도에 불과했습니다. 그러나 그들은 민족독립운동을 선도하였고, 시대를 판단하는 분명한 통찰력과 안목으로 참혹한 식민정책 속에서 절망하는 백성들에게 희망을 선포했습니다. 용기 있고, 박력 있게 사는 사람이 그리스도인임을 그들 스스로 세상에 알리며 살았습니다.

3.1운동은 33명의 종교인들이 중심이 되었습니다. 그들은 각각 기독교인 16명, 천도교인 15명, 불교인이 2명이었습니다. 당시 기독교 교세는 천도교의 15분의 1 정도였지만, 불교인 대표의 8배, 천도교 대표보다 그 숫자가 많았습니다. 6개월간 계속된 만세운동으로 체포된 사람들 중 종교인으로는 장로교인이 2,468명으로 가장 많았고, 천도교인이 2,200명, 감리교인이 560명, 유교인이 346

명, 기타 개신교인이 320명, 불교인이 220명, 천주교인이 55명이었습니다. 이 애국운동은 곧 종교운동이었고, 기독교운동이었고, 장로교운동이었습니다. 기독교인은 애국자의 후예들이라 할 수 있을 것입니다.

2. 민족은 공동체

오늘 본문에서 2,500년 전 에스더의 사촌오빠 모르드개는 유대인을 몰살시키려는 하만의 무시무시한 음모가 진행되고 있다는 사실을 알고 왕비 에스더를 찾아갔습니다. 그리고 자초지종을 다 이야기한 후 에스더에게 두 가지 충고를 하게 됩니다.

첫 번째 충고가 에스더서 4 : 13에 있는 말씀입니다.

"모르드개가 그를 시켜 에스더에게 회답하되 너는 왕궁에 있으니 모든 유다인 중에 홀로 목숨을 건지리라 생각하지 말라"(에 4 : 13).

이 말씀은 곧 '네가 지금 왕후가 되어 왕궁에서 편히 지내고 있다고 해서 만족하지 마라. 모든 유다인이 몰살당한다면 너 역시 화를 면키 어려울 것이다.'라는 뜻입니다. 에스더를 향한 모르드개의 이 충고는 비단 2,500년 전의 절규만이 아닙니다. 바로 오늘 저와 여러분을 향한 외침입니다. 즉, 우리에게 가정이 있고, 직장이 있고, 하루하루를 편히 산다 해서 그것으로 만족한다면 짐승과 다를 바가 무엇이겠습니까? 인간은 인간으로서의 도리가 있는 것이고, 신앙인은 신앙인으로서의 무한한 책임이 있으며, 국민은 국민으로서의 책임이 있는 것입니다. 만약 우리가 나 혼자 편히 잘 먹고 잘 산다 해서 숱한 이 민족의 문제를 외면한다면, 민족 구성원으로서의 우리 각 사람의 존재가치조차 없어지게 될 것입니다.

이런 경우를 이름하여 '운명공동체'라고 합니다. 자식이 죽어 가는데 어찌 부모가 가만히 있을 수 있으며, 남편이 파멸되어 가는데 어찌 아내 된 사람이 보고만 있을 수 있겠습니까? 가정은 공동체이기 때문입니다. 그것은 교회나, 국가나, 민족도 마찬가지입니다. 운명공동체란 마치 태평양에 떠 있는 한 척의 배와도 같습니다. 배가 침몰하면 선장도, 갑판장도, 선원도, 승객도 다 함께 물에 빠져 죽게 됩니다. 국가가 잘 되어야 개인이나 가정이 잘 되고, 개인이나 가정이 잘 되어야 국가가 잘 되는 것은 하나의 공동체이기 때문입니다. 교회가 부흥하고 여러분 한 사람, 한 사람이 신령해야 하는 이유도 바로 여기에 있습니다. 개인의 운명이 반드시 공동체의 운명일 수는 없으나 공동체의 운명은 개인의 운명일 수밖에 없습니다. 국가가 멸망하면 개인도 없어지기 때문입니다.

나치 독일 치하에서 투옥되었던 마르틴 니묄러(Friedrich Gustav Emil Martin Niemöller) 목사는 다음과 같은 말을 남겼습니다.

"독일에서 그들이 반대 정당 사람들을 숙청할 때 나는 정치가가 아니기 때문에 말을 하지 않았습니다. 그 다음에 그들은 유대인들을 잔인하게 죽였는데, 나는 유대인이 아니기 때문에 말을 하지 않았습니다. 그리고 나서 그들이 노동조합에 가맹한 노동자들을 체포하러 왔는데, 나는 내가 노동조합원이 아니기 때문에 말을 하지 않았습니다. 그 뒤 그들이 가톨릭교도를 잡으러 왔는데, 나는 내가 개신교도였기 때문에 아무 말도 하지 않았습니다. 마침내 나를 잡으러 왔습니다. 그땐 나를 위해 말해 줄 사람이 아무도 없었습니다."

모르드개의 "홀로 목숨을 건지리라 생각하지 말라"(13절)는 충고에 대한 에스더의 응답이 무엇이었습니까? 16절에 보면 "수산에 있는 유다인을 다 모으고 나를 위하여 금식하되"라는 말씀이 나옵니다. "홀로"라는 말에 대한 대답으로 '붙들어 다 모으자! 모든 백성들이 한자리에 모이자! 나도 내 시녀와 더불어 기도하고 금식할 테니,

모두 하나가 되어 공동체의 문제를 해결하자!'는 것입니다. 성도의 연합은 하나님의 도우심을 요청할 수 있는 가장 확실한 방법입니다. 그러므로 이것을 잘 알고 있는 사단은 할 수 있는 한 모든 방법을 동원하여 성도들의 마음과 뜻을 흩어 기도할 수 없게 만듭니다. 그러나 성경의 모든 위인들은 위기 때마다 기도했습니다.

여러분, 좋은 설교를 듣기 위해서 모입니까? 어느 날 좋은 설교자가 사라질 때 여러분은 이 자리를 떠나시겠습니까? 좋은 사람들을 만나기 위해서 이곳에 오십니까? 그 사람이 내 곁에서 사라질 때 여러분도 이곳에서 사라지시겠습니까? 무엇을 위해서 우리는 여기에 모입니까? 우리는 기도하기 위해서 모이는 사람들입니다. 좋은 신앙인이라는 것은 좋은 기도의 사람이라는 말과 같은 말일 수 있습니다.

대한민국 초대 국회가 1948년 5월 31일에 개회되었습니다. 이때 이승만(李承晩) 국회의장이 단에 서서 이윤영(李允榮) 의원의 기도로 개회한 것을 아십니까? 이 나라의 국회의 문은, 정부의 문은 기도와 함께 열렸습니다.

1985년 레이건(Ronald Wilson Reagan) 대통령이 우리나라 국회를 방문했습니다. 그때 그의 연설 가운데 유명한 말이 있습니다.

"나는 이 나라를 사랑하여 이 나라에 와 살고 있는 4만의 미군이 이 나라를 지키는 줄 알았습니다. 그러나 국회의사당 내에 교회 기도실이 있다는 사실을 알고, 기도하는 정치인들, 기도하는 사람들, 기도하는 한국교회가 이 나라를 지킨다는 사실을 새삼 깨닫게 됩니다."

윈스턴 처칠(Winston Leonard Spencer Churchill)의 전기에 보면 이런 일화가 있습니다.

전쟁을 목전에 두고 국회에서 이 문제에 대해 논의하고 있었습니다. 맨 앞자리에 앉았던 처칠 수상이 앞에 있는 탁자에 얼굴을 파묻고 있었습니다. 사회를 보던 의장이 "수상님, 지금 주무시면 되겠습니까?" 그러자, 처칠 수상이 말했습니다. "자다니요? 기도하고 있습니다." 의장이 또 말했습니다. "하필이면 이 중요한 때에 기도하셔야 되겠습니까?" 처칠은 자리를 박차고 벌떡 일어났습니다. "의장님, 이때 기도하지 않는다면 우리가 언제 기도해야 됩니까? 나라가 위중한 이 순간에 우리가 기도하지 않고 논의한다면 어느 시간에 기도해야 된단 말입니까?"

우리 가정에 어려움이 있을 때, 교회공동체에 위기가 있을 때, 사랑하는 내 가족이 쓰러지고 넘어지고 피 흘리고 있을 때, 가슴앓이 하고 있을 때, 나라가 위기를 맞이했을 때, 큰 결정을 내려야 되는 중차대한 시간을 보내고 있을 때, 이때 기도하지 않는다면 언제 기도해야 된단 말입니까?

모세는 자기 이름을 생명책에서 지우는 한이 있어도 이 백성만은 살려 달라고 울부짖었습니다. 위기의 시간마다 믿음의 선진들은 구국의 제단을 쌓았던 것입니다.

지금까지 내 몸, 내 자식, 내 가정, 내 교회, 먹고 사는 문제, 내 사업 등을 위해서 울며 하나님 앞에 부르짖었고 신음했지만, 나라의 문제를 위하여 기도하지 못했다면 우리는 회개해야 합니다. 대통령이 조금 실수한다고 나라가 망하지 않습니다. 경제가 조금 어렵다고 굶어 죽지 않습니다. 사업이 조금 어렵다고 망하지 않습니다. 그러나 나라를 위해 기도하는 사람이 없을 때 희망의 등불이 꺼져 가는 것입니다.

3.
금식기도

오늘 본문은 금식기도를 요청하고 있습니다. 기도 가운데서도 최고의 능력은 금식기도입니다.

19세기 위대한 설교가였던 윌리엄 브람웰(William Bramwell)은 이렇게 말했습니다.

"구원받은 하나님의 자녀들이 그 권세와 능력 가운데 살지 못하는 이유가 있다. 그들이 너무 많이 먹고, 너무 많이 마시고, 너무 많이 자면서, 너무 적게 금식하며, 너무 적게 기도하기 때문이다. 세상일은 시달리리만큼 너무 많은 일을 하면서도 자기를 성찰하고 하나님을 묵상하는 일은 너무 소홀히 하기 때문이다."

귀신 들린 아이 때문에 창피를 당한 제자들이 주님께 물었습니다. "우리는 왜 이 일을 할 수 없습니까?" 주님이 대답하셨습니다. "기도[와 금식] 외에는 이런 류가 나갈 수 없다. 기도하지 않고 능력 받는 길은 없다. 금식하지 아니하고 중차대한 문제가 해결되기란 쉽지 않다. 네가 하나님의 사람, 하나님의 백성으로서 공동체에 위기가 있을 때 기도해라. 금식해라."

여러분, 인류 최초의 시험이 금식의 실패에서 비롯되었다는 사실을 아십니까? 하나님께서는 에덴동산에서 아담과 하와에게 선악과를 먹지 말도록 일종의 금식을 선언하셨습니다. 그들은 이 금식에서 실패함으로 인류 역사에 죄악을 가져오고 말았습니다.

오늘 에스더 4장은 위기에 처한 민족을 살리기 위한 에스더의 금식기도 운동입니다. 페르시아 수산성에서 유대인을 멸절하려던 하만의 음모가 있었으나, 유대 백성들이 3일 동안 금식기도를 함으로 구원받은 사건이 기록되어 있습니다. 금식기도는 영적 능력뿐만 아니라 보너스가 참 많습니다. 가족들 가운데 어떤 중요한 기로에 서 있는 사람이 있습니까? 분명하고도 확실한 응답을 받아야 되는 어떤 문제가 있습니까? 억울해서 견딜 수 없는 한이 있습니까? 이때 금식하며 기도하시기 바랍니다.

금식이란 하나님을 만나는 일이 너무 중요해서, 이 문제가 해결되지 않고는 밥을 먹을 수도 없고 잠을 잘 수도 없어서 전능하신 하나님의 손길을 기다리는 울부짖음입니다.

언젠가 미국 의회는 의학자 3천 명을 한자리에 모아 놓고서 현대인들이 가지고 있는 문화병, 성인병이 생기는 근본적인 원인을 규명하기 위해 연구팀을 만들었습니다. 그 결론은 두 가지였습니다. 첫 번째는 음식을 너무 많이 먹어서, 기름진 음식을 많이 먹어서 그런 병이 생긴다는 것입니다. 두 번째는 공해 때문이라고 했습니다. 현대인들이 음식을 너무 많이 먹어서 동맥경화증, 위장병, 각종 암, 성인병에 시달리고 있다는 결론에 이르게 된 것입니다. 우리는 맛있다고 먹고, 영양가가 있다고 먹고, 건강에 좋다면 뭐든지 먹습니다. 미용에 좋아서도 먹습니다. 보기 좋아서 먹고, 허영으로 먹고, 탐욕으로 먹습니다. 친구와의 의리 때문에 먹고, 교제 때문에 먹고, 공무상 손님을 접대하다 보니 먹고, 음식을 잘한다는 소문이 있으면 천 리 길, 만 리 길을 달려가서 또 먹습니다. 그래서 현대인들은 많이 먹음으로 인해 생기는 병들로 시달리고 있는 것입니다.

의사 프랭크 맥크는 "나는 오늘날 외과 수술법과 심리적 치료법을 그 누구보다 더 많이 연구한 사람이다. 그러나 내가 발견한 치료법 가운데 금식요법보다 더 효과적인 치료법을 본 적이 없다. 나는 나를 찾아온 많은 환자들에게 금식요법을 권하였는데, 이로 인해 많은 사람이 건강을 회복했다."라고 말합니다. 이처럼 금식기도의 보너스가 바로 건강의 축복입니다. 최근에 알려진 건강요법 가운데 금식만큼 효과가 있는 것은 없다고 합니다. 어쩌면 금식이 만병통치 요법이 될 것이라고 기대하는 사람들도 있습니다.

동물들 중에 동면하는 동물들이 아주 건강하다고 합니다. 몸속에 에너지를 저장해 놓고 6개월 동안 아무것도 먹지 않는 것을 보면 신비로운 생태학적인 비밀이 있는 것 같습니다. 동물들은 몸에 병이 생기면 나을 때까지 본능적으로 먹지 않는다고 합니다. 1주일이고 2주일이고 단식하면 몸을 회복하는 기능이 생기는 것 같습니다. 따라서 먹지 않는 것이 몸의 병을 치료하는 데 크게 도움이 된다는 것을 동물들을 통해서 배울 필요가 있습니다.

금식은 노화과정을 바꿔 놓습니다. 적절히 금식하기만 하면 우리는 더 오래 살 수 있습니다. 행복하게 살 수 있습니다. 질병과 생태계의 오염으로 너무나 흔해진 퇴행성 질환과 싸워 이길 수 있는 길은 금식 이외에 없다고 합니다. 금식을 통하여 치료가 빨라지고, 몸의 기관들이 쉴 수 있고, 간과 신장이 깨끗해지고, 피가 맑아지고, 장이 청소되고, 불필요한 체중이 줄어들고, 조직에 쌓인 독소가 제거되고, 눈과 혀와 코가 맑아지고, 호흡이 깨끗해지고, 과도한 수분들이 깨끗이 제거될 것입니다.

물론 금식기도의 최종 목표는 영적 건강, 영적 승리, 영적 축복입니다. 영적인 하나님과의 관계, 영적인 능력, 내 문제를 하나님의 손에 맡겨 드리기 위해 금식하는 것입니다. 이 땅을 살아가는 그리스도인들이 금식하면 하나님의 자녀 된 권세가 회복되어지고 기도의 능력이 되살아나게 됩니다.

모르드개와 에스더와 함께 온 백성이 금식기도를 합니다. 요나서에 보면 짐승까지도 굶깁니다. 그리고 기도합니다. 그때 하나님께서 진노의 팔을 높이 치켜들었다가 거두어들이시는 것을 볼 수 있습니다. 온 백성과 함께 금식하며 기도하고 일어선 에스더의 용기를 보십시오.

"규례를 어기고 왕에게 나아가리니 죽으면 죽으리이다"(에 4 : 16).

여기서 잠시 페르시아 왕궁의 관습을 생각해야 합니다. 아무리 왕비라도 왕이 부르지 않으면 왕 앞에 나갈 수 없는 것이 궁중의 법도였습니다. 바로 여기에 문제가 있었습니다. 하만이 유다인을 몰살시키기로 한 12월 13일은 다가오는데, 왕은 에스더를 부른 지 30일이나 지났습니다. 그렇다고 궁중의 법도를 어기고 그냥 왕 앞에 나아갔다가는 일을 그르치게 될지도 모를 일입니다. 바로 그때 에스더가 다 함께 금식하며 기도하자고 요청한 것입니다.

기도하자! 민족 구원은 하나님의 손에 달려 있기 때문입니다.
기도하자! 일이 다급하고 중차대하기 때문입니다.
기도하자! 내 힘으로는 도저히 해결할 수 없기 때문입니다.

그렇다면, 개인적인 위기나 민족적인 문제 상황 속에서 오늘 우리가 해야 할 일은 분명합니다. 기도만이 이 민족을 구원합니다. 기도만이 문제를 해결합니다. 기도하는 민족은 절대로 망하지 않습니다.
이번 회담의 몇 가지 주제를 위해서 기도해야 되겠지요. 중요한 것은 미북회담일 것입니다. 미북회담의 통로가 잘 열리도록, 대화가 서로 잘 되도록 기도해야 될 것입니다. 남북정상회담을 통해서 반드시 비핵화를 힙의해 내야 할 것입니다. 평화체제가 만들어셔야 할 것입니다. 자유도, 예수도, 교회도, 성경도, 선교사도 없는 저 불쌍한 나라에 복음이 전해질 수 있도록, 북녘 땅에 교회를 재건할 수 있는 기회가 오도록 기도해야 될 것입니다. 관계 발전을 위해서도 기도해야 될 것입니다. 함께 추진하던 많은 일들이 중단되어졌습니다. 이 모든 일들이 함께 문이 열려져야 될 것입니다.

에스더를 향한 모르드개의 두 번째 충고에 귀를 기울여 보십시다.

"네가 왕후의 자리를 얻은 것이 이때를 위함이 아닌지 누가 알겠느냐"(에 4 : 14).

이 말씀은 에스더에게 사명을 일깨워 주는 말씀입니다. 이 충고를 듣고 에스더는 "죽으면 죽으리라."고 결단하고 분연히 일어서게 되었습니다. 이 세상에서 가장 무서운 사람은 죽음을 겁내지 않는 사람입니다. 로마의 박해자들이 기독교인들을 이기지 못한 것은 기독교인들이 죽음을 두려워하지 않았기 때문입니다. "죽으면 죽으리라."기도하면서 지혜를 얻은 에스더는 왕에게 나아갔습니다.

"죽으면 죽으리라." 3.1운동이 우리에게 남겨 준 가장 소중한 유산 중 하나는 바로 정의와 진리를 위해서라면 죽음을 두려워하지 않는 것입니다. 이날 일제는 교회를 부수고, 종탑을 헐어 버리고, 성경과 찬송을 빼앗아 불태우고, 주요 기독교 인사들을 검거하여 투옥하고 고문하였습니다.

1919년 3월 21일 독립운동을 하다가 일본 경찰에게 붙잡혀 고난을 당한 한 여자 신도의 기록을 살펴보겠습니다.

"나는 평양에서 3월 21일에 체포되어 경찰에 구금되었다. 그 감옥에는 여자들도 여럿이 있었고, 남자들도 많이 있었다. 경찰들의 질문 요지는 거기에 잡혀 온 사람들의 성분이 기독교인가, 아닌가를 조사함에 있었다. 거기에는 열네 사람의 여자 기독교 신자와 1명의 천도교 신자가 있었다. 그중에 세 사람은 전도사 부인이었다. 그런데 경찰들은 채찍으로 우리 여자들을 내려치면서 옷을 다 벗기고 벌거숭이로 여러 남자들 앞에 세워 놓았다. 경찰은 나에게서 길거리에서 만세를 불렀다는 죄목밖에 찾지 못했다. 그들이 내 몸을 돌려가면서 마구 구타해서 전신이 땀에 흠뻑 젖었다. …… 내 양손을 뒤로 제쳐 꽁꽁 묶었다. 그리고 내 알몸을 사정없이 때리고 정신을 잃으면 찬물을 끼얹곤 하였다. 또 담뱃불로 내 몸을 지졌다. …… 어떤 여자는 정신을 잃었고 …… 또 어떤 여자는 두 발이 꽁꽁 묶인 채 기둥에 매달려 있었다. …… 견딜 수 없는 무서운 욕과 조롱을 우리는 받았다. ……"(3.1운동비사 기독교사상 1966. 3월호)

또 수원에 있는 제암리교회당의 소실 사건은 그 대표적인 실례입니다. 일본군 중위 아리타는 군대를 동원하여 그해 4월 15일 낮 2시경 교인들을 예배당 안으로 모이게 한 후 불을 지르고 밖으로 뛰어나오는 교인들을 총으로 쏘고 칼로 찔러 죽였습니다. 결국 30명의 교인이 다 타 죽고 말았습니다. 이러한 학살과 만행은 서천리 부근 기독교인들이 사는 열다섯 군데에서도 똑같이 감행되었다고 합니다.

한국교회가 만난 비극에 대하여 친일 활동을 하던 미국 목사 귈리크(S. L. Gulick)마저 미국 선교본부에 보내는 그의 3.1운동 보고서 마지막 결론에서 "너무나도 비참하고 처참하여 우리는 쏟아지는 눈물을 막을 길이 없었다."라고 했습니다.

4.

내 민족을 내게 주소서

왕 앞에 선 에스더의 절규가 무엇이었습니까? "내 민족을 내게 주소서!" 왕후 에스더가 요구하는 소청은 부귀나 영화나 권능이 아니었습니다. 진멸 위기에 처한 자기 민족을 구원해 달라는 것이었습니다. 기도가 큰 사람이 큰 사람입니다. 기도가 아름다운 사람이 아름다운 사람입니다.

"이때를 위함이 아닌지 누가 알겠느냐?"

선교 130년 만에 5천 년 역사에서 처음으로 기독교가 제1종교가 된 것이 이때를 위함이 아닌지 누가 알겠습니까? 가난 가운데 살아남은 것, 빗발치는 총탄 가운데서 살아남은 것, 중병의 자리에서 살아남은 것, 예수 믿을 수 있는 어떤 조건도 없었지만 하나님의 무조건적인 은혜로 그리스도인이 된 것, 한소망교회 교인이 된 것이 이때를 위함이 아닌지 누가 알겠습니까? 3.1절 100주년을 목전에 두고 민족을 주님 앞에 올려드리며 조국을 살려 달라 부르짖는 기도의 시간을 보내게 된 것은 하나님의 명령이었고, 부름이었습니다.

동족 구원을 향한 사도 바울의 애끊는 고백을 들어 보십시다.

"내가 그리스도 안에서 참말을 하고 거짓말을 아니하노라 나에게 큰 근심이 있는 것과 마음에 그치지 않는 고통이 있는 것을 내 양심이 성령 안에서 나와 더불어 증언하노니 나의 형제 곧 골육의 친척을 위하여 내 자신이 저주를 받아 그리스도에게서 끊어질지라도 원하는 바로라"(롬 9 : 1-3).

예수님도 조국의 멸망을 눈앞에서 보면서 피맺힌 동족애의 눈물을 흘리셨습니다. 예수 그리스도는 온 인류를 위해서 십자가를 지셨으나 자기 민족 이스라엘을 향하는 피맺힌 애국심이 있었습니다.

우리 한소망교회는 한국의 소망, 한국의 복음화로 인류의 소망이 되기를 원하는 우리의 몸부림이 담겨져 있는 이름입니다. 나라를 사랑하는 마음이 담긴 이름입니다.

"내 민족을 내게 주소서." 하고 분연히 일어섰던 결과가 무엇입니까? 하나님께서 이 기도를 외면하셨나요? 하나님께서 귀를 막으셨나요? 모르드개를 죽이려고 세워 두었던 사형틀에 대적 하만이 달리는 통쾌한 대역전극이 펼쳐졌습니다. 죽으면 죽으리라 달려갔던 에스더는 왕비로서의 그 지위가 더 높아지고 왕의 사랑을 받게 되었고, 금식하며 기도했던 모르드개는 하만이 앉았던 총리대신의 자리에 앉게 되었습니다.

"유다인 모르드개가 아하수에로 왕의 다음이 되고 유다인 중에 크게 존경받고 그의 허다한 형제에게 사랑을 받고 그의 백성의 이익을 도모하며 그의 모든 종족을 안위하였더라"(에 10 : 3).

ESTHER

7장 /

거기 하나님이 계신다, 눈물의 기도가 있는 곳

에스더 5 : 1~8

¹ 제삼일에 에스더가 왕후의 예복을 입고 왕궁 안 뜰 곧 어전 맞은편에 서니 왕이 어전에서 전 문을 대하여 왕좌에 앉았다가 ² 왕후 에스더가 뜰에 선 것을 본즉 매우 사랑스러우므로 손에 잡았던 금 규를 그에게 내미니 에스더가 가까이 가서 금 규 끝을 만진지라 ³ 왕이 이르되 왕후 에스더여 그대의 소원이 무엇이며 요구가 무엇이냐 나라의 절반이라도 그대에게 주겠노라 하니 ⁴ 에스더가 이르되 오늘 내가 왕을 위하여 잔치를 베풀었사오니 왕이 좋게 여기시거든 하만과 함께 오소서 하니 ⁵ 왕이 이르되 에스더가 말한 대로 하도록 하만을 급히 부르라 하고 이에 왕이 하만과 함께 에스더가 베푼 잔치에 가니라 ⁶ 잔치의 술을 마실 때에 왕이 에스더에게 이르되 그대의 소청이 무엇이뇨 곧 허락하겠노라 그대의 요구가 무엇이뇨 나라의 절반이라 할지라도 시행하겠노라 하니 ⁷ 에스더가 대답하여 이르되 나의 소청, 나의 요구가 이러하니이다 ⁸ 내가 만일 왕의 목전에서 은혜를 입었고 왕이 내 소청을 허락하시며 내 요구를 시행하시기를 좋게 여기시면 내가 왕과 하만을 위하여 베푸는 잔치에 또 오소서 내일은 왕의 말씀대로 하리이다 하니라

1.
홀로, 더불어

　　우리에게 성자로 알려져 있는 어거스틴은 사실 젊은 시절 방탕한 삶을 살았습니다. 어머니 모니카는 그를 두고 매일같이 눈물로 기도했습니다. 너무나 애처롭게 기도하는 모니카에게 목사님이 했던 격려의 말이 있습니다. "어머니의 눈물의 기도는 땅에 떨어지지 않습니다." 그렇습니다. 고난을 부둥켜안고 눈물로 기도하는 그곳에 하나님이 임재하신다는 것입니다. 그래서 고난과 눈물 그리고 하나님의 임재는 한 방에 거합니다.

　페르시아에 머물고 있던 유대인들이 진멸당할 위기에 빠져 있을 때, 모르드개는 베옷을 입고 통곡하며 기도했습니다. 대궐정치 중심에 있던 사람이었지만 성중에 나가서 성을 돌며 통곡하며 기도합니다. 베옷을 입은 자는 대궐에 들어갈 수 없기 때문에 통곡의 소리가 대궐 궁 안까지 들릴 수 있도록 대궐 문 입구에서 기도합니다. 4장의 문을 여는 말씀입니다.

"모르드개가 이 모든 일을 알고 자기의 옷을 찢고 굵은 베 옷을 입고 재를 뒤집어쓰고 성중에 나가서 대성통곡하며 대궐 문 앞까지 이르렀으니 굵은 베 옷을 입은 자는 대궐 문에 들어가지 못함이라"(에 4 : 1-2).

대성통곡! 백성들도 그렇게 기도했을 것이고, 에스더도 그렇게 기도했을 것입니다. 모르드개가 에스더에게 전한 말이 있습니다. 이 말을 읽을 때마다 사람의 생각에서 나온 말 같지 않고, 하나님의 말씀처럼 권위가 있는 지혜로운 말이라는 느낌이 듭니다.

"너는 왕궁에 있으니 모든 유다인 중에 홀로 목숨을 건지리라 생각하지 말라 …… 네가 왕후의 자리를 얻은 것이 이때를 위함이 아닌지 누가 알겠느냐"(에 4 : 13-14).

여기에 대한 에스더의 응답 역시 멋지기 그지없습니다. "홀로"라는 말에 대답합니다. "온 유다인이 다 함께 기도합시다. 나도 더불어 금식하겠습니다." 그리고 "이때를 위함이 아니더냐?"라는 말에 또 대답합니다. "포로의 딸로 태어나 벌써 죽었어야 할 몸이 왕후가 되었으니 은혜가 아니겠습니까? 민족을 구원할 수 없다면 죽으면 죽을 것입니다." 하나님 앞에 또 왕 앞에 말합니다. "내 민족을 내게 주소서!" 에스더의 이 고백을 우리도 가슴에 품고 기도해야 될 것입니다.

이 엄청난 민족적 위기 상황 속에서 어디서 이런 담대한 지혜가 나왔을까요? 담대함이란 것은 언제나 성경에서 성령님이 주시는 은혜였습니다. 사도행전에 보면 복음을 전할 수 없는 위기 상황 속 막다른 골목에서 기도할 때 성령이 임하셔서 담대함을 주심으로 하나님의 말씀을 증거하게 되었다는 이 사이클이 13번씩이나 반복적으로 등장합니다. 도무지 입을 열 수 없는 상황, 옴짝달싹할 수 없는 상황 속에서 하나님께 기도했더니 성령을 보내 주셨는데, 그때 성령이 주시는 마음이 담대함이었다는 것입니다. 그래서 뚫고 나갑니다. 문제를 짓밟고 나갑니다. 얽히고설킨 문제를 풀어 나갑니다. 말하지 말라고 할 때마다 더 담대함으로 하나님의 말씀을 증거하게 되었다는 것입니다. 이처럼 담대함은 성경에서 성령의 선물로 등장합니다.

무엇이 이렇게 에스더를 담대하게 만들었을까요? 그것은 기도의 능력이었습니다. 금식하며 기도하는 능력이었습니다. 공동체가 합심하여 기도하는 능력이었다는 것입니다. '금식기도한다. 기도한다.'는 것은 온전히 하나님 안에 거하는 것을 의미합니다. 기도가 깊어지면 하나님 안에 편히 쉬게 됩니다. 이는 마치 포도나무 가지가 포도나무에 편안히 붙어 있는 것과 같습니다. 포도나무가 물을 흡수해서 가지에게 전해 주면, 가지가 물과 햇빛을 받고 열매를 맺게 됩니다. 주님 안에 거하게 되었을 때 저절로 풀어지는 은혜를 받아야 합니다. 이 기도가 계속되는 동안에, 부르짖는 기도를 뛰어넘어서 주님 품 안에서 편히 쉬는 동안에 염려하는 모든 일들이 저절로 풀어지는 은혜가 있게 되길 소망합니다.

싱가포르의 조셉 프린스(Joseph Prince) 목사의 『넘치는 은혜』라는 책이 있습니다. 이 책을 보면 "기도한다는 것은 그분 안에 그분과 함께 거하는 것이다."라는 대목이 나옵니다. 그분의 능력, 그분의 향기가 자신에게 임한다는 경험을 재미있게 소개하고 있습니다.

집에 오는 길에 엘리베이터를 탔습니다. 중간에 엘리베이터가 섰는데, 젊은이들 여러 명이 탔습니다. 그때 아주 진한 향수 냄새가 엘리베이터 안을 꽉 채웠습니다. 숨 쉬기도 어려울 만큼 향기가 진동했습니다. 그리고 집에 도착하여 아내에게 입을 맞추었습니다. 아내는 나를 밀치며 "여인의 향수 냄새가 나요. 제가 잘 아는 향수예요." 나는 이 상황을 설명하느라 곤혹을 치렀습니다. 엘리베이터 안에 잠깐 있었는데 향수가 온몸에 밴 것입니다.

우리가 하나님 안에 잠시라도 거하면 하나님의 임재 향기가 넘치게 되어 있습니다. 에스더는 금식기도와 함께 하나님 안에 거했습니다.

> ♬ 그 두려움이 변하여 내 기도 되었고
> 전날의 한숨 변하여 내 노래 되었네
> 주님을 찬송하면서 할렐루야 할렐루야
> 내 앞길 멀고 험해도 나 주님만 따라가리

하나님 안에 거하면 조급함이 사라지고 여유가 생깁니다. 걱정과 불안이 사라지고 믿음이 생깁니다. 주저하던 마음이 사라지고 담대해집니다.

2. 위기의 순간에 하는 기도

5장이 펼쳐지면 금식기도 후 에스더가 위기 상황을 해결하기 위해 무엇을 어떻게 했는지에 대한 이야기가 나옵니다. 에스더 1장부터 4장까지가 전편이었다면, 5장부터 마지막까지가 후편이라 할 수 있습니다.

첫 단어를 보십시다. "제삼일에"는 금식기도가 끝난 지 3일이 되었다는 말입니다. 성경에서 3일은 언제나 주님의 부활을 생각하게 하는 말입니다. 부활의 능력을 생각하게 하는 말입니다. 세계를 통치하던 아하수에로 왕보다도 더 크신 하나님의 임재에, 아하수에로 왕보다도 더 능력이 크시고 사랑이 많으신 하나님의 능력에 젖은 것입니다.

"왕후의 예복을 입고"라고 표현되어 있는데, 기도할 때는 아마 베옷을 입었을 것입니다. 모르드개와 백성들이 함께 베옷을 입고 금식기도를 했습니다. 베옷을 입고 기도했다는 것은 슬픔을 표하는 것입니다. "하나님, 우리에게 고통이 너무 큽니다. 내 힘으로는 감당할 수 없는 고통입니다." 베옷을 입고 기도했다는 것은 간절함을 표하는 것입니다. 죽음을 각오했다는 것입니다.

3일간의 금식기도 중 하나님께 응답을 받았습니다. 이제 베옷을 벗습니다. 하나님께 응답을 받았다는 것입니다. 이제는 담대해졌습니다. 이제는 하나님이 해결해 주실 것을 믿게 된 것입니다. 왕후의 예복을 입었다는 것은 믿음의 표현입니다. "내가 기도했으니, 하나님의 임재 안에 들어갔으니, 하나님이 나와 함께하시니 이미 응답 받은 줄로 믿습니다." 이미 응답 받은 것입니다.

금식기도를 마쳤지만 달라진 것은 아무것도 없습니다. 기도 중에 많은 응답들이 나타났겠지요. 그러나 기도가 끝났어도 아무런 변화가 없을 수도 있습니다. 기도 중에 하나님이 왕을 감동시켜서 에스더를 부른 것도 아닙니다. 우리가 생각하는 응답은 왕이 에스더를 부르는 것입니다. 유대인을 죽이라는 하만의 조서가 취소된 것도 아닙니다. '죽으면 죽으리라!' 하고 왕에게 나아갔는데, "그래 죽여 주마!" 하고 정말 죽을 수도 있습니다. 그런데 에스더가 왕이 있는 대궐 문에 들어섰을 때, 왕이 에스더를 먼저 보았습니다. 이때 왕이 화를 내며 "왕후는 왜 경거망동하시오? 내가 부르지 않았는데 이 문에 들어서면 어떻게 되는지 모른단 말이요?" 그러면 끝나는 것입니다. 또는 왕이 지팡이를 내밀지 않고 인상 한 번만 써도 왕후의 목이 달아나게 됩니다. 이 숨 막히는 순간에 대해 본문 2절 이하에서는 이렇게 기록하고 있습니다.

"왕후 에스더가 뜰에 선 것을 본즉 매우 사랑스러우므로 손에 잡았던 금 규를 그에게 내미니 에스더가 가까이 가서 금 규 끝을 만진지라"(에 5 : 2).

왕의 눈에 뜰에 선 에스더가 매우 사랑스럽게 보였습니다. 그리고 금 규를 내미니 에스더가 그 지팡이 끝을 만집니다. 왕은 왕후가 지금 긴급한 일이 있어서 자신을 찾아왔다는 것을 알아차립니다.

"왕후 에스더여 그대의 소원이 무엇이며 요구가 무엇이냐 나라의 절반이라도 그대에게 주겠노라"(에 5 : 3).

3일이나 아무것도 먹지 못해 초췌한 모습이었을 텐데도, 왕은 에스더가 너무나 사랑스러워 나라의 절반이라도 주겠다는 말을 합니다. 우리말로는 '눈이라도 빼 주고 싶다'는 것입니다. '간이라도 내어 주고 싶다'는 것입니다. 하나님께서 왕의 눈을 두 번째 뒤집어 놓았습니다. 왕비를 뽑을 때 에스더가 나타나자마자 왕의 눈이 뒤집어졌습니다. 뒤에 많은 후궁들이 기다리고 있었지만 그들을 볼 아무런 의미가 없었습니다. 그리고 바로 지금 절체절명 위기의 순간에 하나님은 눈을 뒤집어서라도 자기 백성을 보호하십니다. 왕은 에스더가 너무나도 사랑스럽게 보였습니다. 어떻게 이런 일들이 가능할까요?

첫째, 기도는 능력입니다. 금식기도는 핵폭탄과 같은 능력이 있습니다. 기도하면 제일 먼저 기도하는 내가 변합니다. 내 마음이 하나님의 마음으로 바뀝니다. 평안으로 바뀝니다. 내가 능력자로 바뀝니다. 두 번째, 기도는 문제를 해결합니다. 상황을 바꿉니다. 어려웠던 것이 아무것도 아닌 것으로 바뀝니다. 근심이 기쁨으로 바뀌게 되는 것입니다. 세 번째, 기도는 하나님의 마음을 움직입니다. 나의 문제를 하나님의 손에 올려드리는 능력이 있습니다. 네 번째, 기도는 하나님을 모르는 사람들까지도 바꿀 수 있습니다. 하나님은 이방 왕의 마음까지도 바꾸어 당신의 백성을 보호하셨습니다. 억울한 일이 있어서 재판장에 끌려가야 하는 어려운 일이 있으십니까? 검사와 재판관의 눈을 뒤집는 역사가 일어나기를 바랍니다. 원수까지도 하나님의 손 안에 있음을, 악인까지도 하나님의 손 안에 있어서 모든 문제를 이겨 낼 줄로 믿습니다.

우리가 나라를 위하여 기도할 때 바로 이런 복을 받게 됩니다. 먼저는 내가 하나님 안에 거하는 복을 받습니다. 내가 나라를 사랑하는 마음을 얻게 됩니다. 기도의 능력자로 바뀌게 됩니다. 문제가 사라지게 됩니다. 하나님께서 트럼프를 바꾸시면 한국 통일을 위한 트럼펫으로 바뀌게 될 것입니다. 김정은이 바뀌고, 아베가 바뀌고, 푸틴이 바뀌는 일이 일어나게 될 것입니다.

3.
하나님의 때를 기다리는 지혜

기도할 때는 하나님을 묵상하고 하나님 안에 거해야 되는데, 미련퉁이는 하만의 간교함, 악한 것을 묵상하는 것이 기도라고 생각합니다. 원수를 묵상하는 것은 미련퉁이들의 기도입니다. 원수를 묵상하지 마시고 하나님 안에 평안히 거하시기 바랍니다. 하만의 간교함을 묵상하면 이길 수 없습니다. 그것은 악에 거하는 것이지, 하나님 안에 거하는 것이 아닙니다. 문제 안에 거하는 것, 문제를 묵상하는 것, 원수를 묵상하는 것을 기도라고 생각하면 안 됩니다.

왕이 "나라의 절반이라도 주겠다."고 하며 전폭적인 신뢰를 보내고, 소원이 무엇이냐고 물었을 때 에스더가 미련한 여인이라면 어떻게 했을까요? 하만과 왕을 같이 만나게 됩니다. 상처가 복받쳐 오릅니다. 물 컵을 들고 하만에게 물 따귀를 퍼부었을 것입니다. "폐하, 이 인간이 글쎄 나를 죽이고 내 민족을 모두 죽이려고 합니다. 당신은 어찌 이런 자랑 나라 일을 같이 하는 거예요? 사람 보는 눈이 그렇게도 없어요?" 하며 왕에게까지 분노와 공격을 퍼부어 댔을 수도 있지요. 에스더가 미련퉁이였다면 모든 정보와 모든 사실을 한꺼번에 쏟아 놓았을 것입니다. "폐하, 지금 제가 어떤 처지에 있는지도 모르고 어떻게 나를 한 달 동안 부르지 않을 수 있어요?" 하면서 모든 소원을 이야기하고, "이제 왕께서도 아셔야 해요. 나 사실은 유대인이에요. 내가 누군지도 모르셨죠? 이제 알 건 아셔야 해요." 그러면 끝나는 것입니다. 아니면 청순가련 작전으로 훌쩍훌쩍 질질질질 짭니다. "폐하, 실은 제가 죽게 생겼어요. 내가 불쌍하지도 않으세요? 나 사랑하는 거 맞아요? 엉엉엉엉⋯⋯." 이런 여인도 왕의 사랑을 받기 어렵지요.

에스더는 금식기도하며 평안 가운데 거했지만, 계획한 후에도 서두르지 않았습니다. 하나님의 때를 기다리는 지혜가 있었던 것입니다. 하나님의 감동의 시간을 기다리는, 문제를 녹이는 불같은 따뜻함이 있어야 하는 것입니다. 내 입이 날카로워졌는데, 내 가슴이 상처로 얼룩져 있는데 상처 속에 문제가 들어가면 악화됩니다. 날카로워진 내 입 때문에 문제가 점점 커지는 것입니다. 때릴수록 커지는 귀신처럼, 문제는 때리면 때릴수록 점점 더 커지게 됩니다.

에스더는 절대 조급해하거나 서두르지 않았습니다. 오히려 왕이 조급해할 때까지 기다립니다. 원수 하만을 거만, 교만, 오만, '만'자로 가득 차게 만듭니다. 에스더는 두 번의 잔치가 끝난 다음에 왕에게 소청을 말합니다.

기도가 중요하듯이 일을 진행하는 과정도 중요합니다. 언제나 그렇습니다. 기도가 먼저인 것은 맞지만 기도한 것만큼, 기도가 따뜻했던 것만큼, 하나님의 임재 안에서 평안했던 것만큼, 방법도 평안해야 합니다. "내가 기도하면서 응답 다 받았어, 너 이제 죽었어." 그러면 안 됩니다. 기도했던 만큼, 기도가 컸던 만큼, 언어와 성품

이 크게 아름다워야 해결됩니다.

기도만 하면 모든 것이 끝난다고 생각하며 이제 하나님이 알아서 하실 거라 생각하는 사람은 어리석은 영성지상주의자입니다. 계획하고 문제를 잘 해결하면 된다고 생각하는 사람들은 계획지상주의자입니다. 하나님의 사람들은 영성지상주의자도, 계획지상주의자도 아닙니다. 기도가 따뜻했던 것만큼 성취하는 방법도 따뜻해야 합니다.

4.
눈물의 기도

유대인들이 멀고 먼 이방 땅에 포로로 끌려왔다가 이제 몰살당할 위기에 처했습니다. 그들에게는 지켜 줄 군대도 없었습니다. 지금 우리 민족이 이런 위기에 빠져 있습니다. 이 사정을 세계 여론에 호소할 만한 외교적 채널도 없습니다.

이때 유대인들이 할 수 있는 일은 무엇일까요? 앞도 막혔고, 고향으로 돌아갈 수도 없고, 이 성이나 저 성으로 도망갈 수도 없고, 좌우도 막혔고, 땅으로 꺼질 수도 없고, 다만 하늘만 열려 있어서 베옷을 입고 대성통곡하며 전능하신 하나님의 이름을 부르는 일 외에는 방법이 없었습니다. 이처럼 고난에 담을 수 있는 것은 눈물밖에 없습니다. 인간적인 어떤 방법도 없습니다. 통곡밖에 없습니다. 그러나 그들이 대성통곡하며 하나님의 이름을 불렀던 그 자리에 바로 하나님이 임재하고 계셨습니다.

> 고난이 하나님께 나아가는 자리가 되었습니다.
> 고난이 하나님을 만나는 자리가 되었습니다.
> 고난이 온 백성이 하나님께로 돌아오는 통로가 되었던 것입니다.
> 언제나 고난의 눈물을 담으면 하나님이 거기 계십니다.
> 눈물의 기도는 땅에 떨어지는 법이 없습니다.
> 능력의 기도는 땅에 떨어지지 않습니다.
> 하나님의 임재의 기도는 땅에 떨어지지 않습니다.

초대 문화부 장관을 지냈던 이어령 교수는 딸의 고통 때문에 하나님을 만났습니다. 하나님께 돌아왔습니다. "하나님, 내 딸 민아가 볼 수만 있게 해 주세요. 저의 남은 생을 주님께 바치겠습니다. 내가 가진 것이라곤 글 쓰고 말하는 재주밖에 없습니다. 당신이 내게 주신 것을 당신을 위해 바치겠습니다." 딸의 고통 위에 아버지의 눈물을 담았을 때 하나님을 만나는 복을 받게 되고, 마지막 남은 생을 하나님을 위해서 쓰다가 하나님 앞에 설 수 있는 은혜를 입게 된 것입니다.

평생 대학생 선교를 위해 헌신한 김준곤 목사님은 딸의 암덩어리 앞에서 더욱 순결해지는 은혜를 입었습니다. 열심히 일하는 사람에서 열심히 하나님을 만나는 사람으로 바뀌었습니다. "하나님, 이제는 모르핀(Morphine)조차 딸 신희의 고통을 멈추게 할 수가 없습니다. 수건을 입에 물고 신희는 고통을 참아 냅니다. 그럴수록 아비인 내 뼈는 녹아내립니다. 신희를 보며 내가 할 수 있는 일이란 기도밖에 없습니다. 신희가 고통 중에 토할 때마다 나는 내 죄를 창자까지 토해 냅니다." 그는 딸의 고통을 통해 하나님 안에 거하는 방법을 알게 되었다고 말합니다.

여러분의 아픔이 무엇입니까? 여러분의 고통이 무엇입니까? 거기에 눈물을 담으시기 바랍니다. 하나님의 임재가 그곳에 있게 될 것입니다. 몸서리치는 배신감 때문에 밤잠을 자지 못하고, 가슴은 상처투성이로 난도질을 당하고 있습니까? 기도하시기 바랍니다. 용서와 사랑의 하나님이 그곳에 임재하실 것입니다. 준비 없이 시작한 사업 때문에 앞길이 막혀 '내가 왜 이 어리석은 길을 선택했는가? 나는 열심히 살아보려고 몸부림쳤는데 왜 이렇게 길이 막혔는가?' 새장에 갇힌 한 마리 새처럼 옴짝달싹할 수 없는 위기에 빠진 분이 계십니까? 그 속에서 짹짹거리는 한 마리 새처럼 눈물의 기도를 담으시기 바랍니다. 새장 안에 온 우주를 만드신 분이 계실 것입니다. 억울한 신원의 눈물 속에 하나님이 임재하실 것입니다. 정신적인 고통으로 인하여 가슴을 움켜쥐고 있는 분이 계십니까? 거기에 눈물의 기도를 담으시기 바랍니다. "그곳은 빛과 사랑이 언제나 넘치옵니다"라는 찬송가 가사처럼, 여러분의 마음이 밝아지고, 여러분의 몸 안에 성령이 거함을 경험하게 될 것입니다.

"너희 몸이 하나님의 성전 된 것을 깨닫지 못하느냐?"

우리가 힘이 있다면 우리 민족의 문제는 우리 힘으로 해결할 수도 있을 것입니다. 그리고 통일되면 끝나는 건데, 그럴 수 없는 것이 지금의 분단 현실입니다. 우리가 원해서 분단이 된 것도 아니고, 70년 분단의 고통 중에 살고 싶어서 살았던 것도 아닌데, 이것을 해결하는 것도 우리 힘으로 할 수 없는, 강대국들의 손에 맡길 수밖에 없는 이때에 우리 민족의 문제를 하나님 앞에 올려드려야 되지 않겠습니까?

휴전선에, 평화의 집에 우리의 눈물의 기도를 담으십시다. 우리가 협상하는 자리에 갈 수 없지만 우리는 백악관을 위해서 기도할 수 있고, 청와대를 위해서 기도할 수 있고, 북녘 땅을 위해서 기도할 수 있습니다. 그때 하나님께서 그곳에 임재하실 것입니다.

우리 민족이 당하는 고난, 이것 때문에 하나님 앞에 우리 백성이 더 가까이 나가게 되고, 이 민족이 영적인 이스라엘이 되고, 마지막 때에 선교 국가, 제사장 국가가 되는 위대한 복을 받게 될 것입니다.

ESTHER

ESTHER

8장 /

싸운다

이겨 놓고

에스더 5 : 9~14

⁹ 그날 하만이 마음이 기뻐 즐거이 나오더니 모르드개가 대궐 문에 있어 일어나지도 아니하고 몸을 움직이지도 아니하는 것을 보고 매우 노하나 ¹⁰ 참고 집에 돌아와서 사람을 보내어 그의 친구들과 그의 아내 세레스를 청하여 ¹¹ 자기의 큰 영광과 자녀가 많은 것과 왕이 자기를 들어 왕의 모든 지방관이나 신하들보다 높인 것을 다 말하고 ¹² 또 하만이 이르되 왕후 에스더가 그 베푼 잔치에 왕과 함께 오기를 허락받은 자는 나밖에 없었고 내일도 왕과 함께 청함을 받았느니라 ¹³ 그러나 유다 사람 모르드개가 대궐 문에 앉은 것을 보는 동안에는 이 모든 일이 만족하지 아니하도다 하니 ¹⁴ 그의 아내 세레스와 모든 친구들이 이르되 높이가 오십 규빗 되는 나무를 세우고 내일 왕에게 모르드개를 그 나무에 매달기를 구하고 왕과 함께 즐거이 잔치에 가소서 하니 하만이 그 말을 좋게 여기고 명령하여 나무를 세우니라

1.
마귀의 등장

하나님의 자녀들이 맞서서 싸워야 할 대상이 있고, 싸우지 말아야 할 대상이 있습니다. 대적하고 맞서서 싸워야 할 대상은 마귀입니다. "♪ 마귀들과 싸울지라 죄악 벗은 형제여~" 원래 마귀란 귀신들의 대장, 사탄을 말합니다. 그래서 '마귀들'이라 하면 안 되는데 일반적으로 악한 영들을 마귀라고 부릅니다.

우리가 싸우지 말아야 할 대상은 사랑하는 사람들입니다. 우리는 가정 안에서, 교회 안에서, 직장 안에서, 공동체 안에서 내게 맡겨 주신 사람들을 격려하고 축복하고 서로 사랑하며 살아야 합니다. 그들과 싸워서는 안 된다는 것입니다. 그럼에도 불구하고 우리가 사랑하는 사람들과 싸우게 되면 스트레스가 되고, 상처가 되고, 병이 되고, 아픔이 됩니다. 이런 싸움은 하지 말아야 합니다.

내가 구원받은 자녀가 되었다는 것은 곧 내가 영적 전쟁으로 부름을 받았다는 것입니다. 중립지대는 없습니다. 하나님 편이냐, 마귀 편이냐 둘 중 하나입니다. 내가 하나님 편에 서 있어도 우리가 연약하다는 사실 때문에 때로는 넘어지고, 때로는 아픔과 상처와 질병과 고통과 영적인 쓰러짐을 경험합니다. 그러나 어떤 일이 있어도 마귀에게 우리 자신을 내어 주는 일이 있어서는 안 됩니다. 넘어진 자리에서도 하나님의 은혜로 일어나야 합니다. 조금 시험 들어 넘어졌다고 해서 우리의 영혼을 마귀에게 맡기는 일이 있어서는 안 된다는 것입니다.

성경에서 마귀가 처음 등장하는 곳은 창세기 3 : 1입니다.

"뱀은 여호와 하나님이 지으신 들짐승 중에 가장 간교하니라" (창 3 : 1).

창세기 3~11장에서는 인간세계에 불행을 가져온 역사를 보여 주는데, 첫 번째 말씀이 바로 우리를 불행으로 이어지게 만들었던 장본인이 누구인지 정체를 밝힘으로 시작하고 있습니다. 그것은 곧 '뱀'입니다.

여기서 "간교하다"는 말은 하나님 없이 저 혼자 똑똑한 것을 말합니다. 하나님 없이 똑똑한 것이 얼마나 위험한 일인지 모릅니다. 하나님 안에서 차라리 미련한 것이 낫지, 저 혼자 하나님 없이 어떤 때는 하나님보다 더 똑똑하면 온갖 문제를 만들어 내게 되는 것입니다.

동물이 말을 합니다. 언제부터 말을 했고, 언제부터 말을 하지 못했는지 성경은 알려 주지 않습니다. 초대교회에 여러 가지 문화를 전해 주었던 요세푸스라는 작가가 있습니다. 이분의 글에 의하면 모든 짐승들 가운데 뱀이 참 똑똑했다고 합니다. 그래서 아담이 동물들에게 이름을 지어 줄 때에 조수 역할을 했던 동물이 뱀이었다고 합니다. 뱀에게는 아담과 하와와 대화할 수 있는 언어능력이 있었다는 것입니다. 에덴동산에서 쫓겨날 때 모든 동물들이 언어의 능력을 잃어버렸는지는 정확하지 않습니다. 요세푸스에 의해 전해져 오는 글이고, 오래된 글이니까 사람들이 거기에 권위를 부여하는 것 같습니다.

'뱀이 언제부터 마귀입니까?'라고 묻는 사람들이 있습니다. 구약성경의 기록이 끝나고, 신약성경의 문이 열리게 됩니다. 그런데 '때가 찼다. 하나님 나라가 가까웠다.'는 신약시대가 열리기 전의 약 400년 어간을 '중간기'라고 합니다. 이 중간기에는 신구약성경의 다리가 되는 이야기들이 있습니다. 이를 외경(外經, Apocrypha)이라고 부릅니다. 공동번역성경에는 외경이 포함되어 있기도 합니다.

외경의 지혜서 2 : 23~24에 보면, 하나님이 창조하신 에덴에 악마가 들어와 사람을 유혹하여 선악과를 먹게 하여 죄가 판을 치게 되었다고 말함으로 뱀이 곧 사탄이요, 사탄이 뱀을 이용하여 아담과 하와를 유혹한 것으로 설명합니다. 이때부터 구약의 유혹과 뱀과 사탄이 동일시되기 시작합니다. 그리고 요한계시록에 보면, 뱀이 곧 마귀로 등장하고 있습니다. 창세기에 등장하는 뱀이 마지막 때에 마귀 역할을 하는 것을 볼 수 있습니다.

하나님께서 지옥을 만드셨는데, 이 지옥은 바로 뱀, 마귀를 가두기 위해서 만든 장소입니다. 마귀를 추종하여 하나님을 배신한 사람들이 죽는 줄도 모르고 마귀와 함께 지옥까지 따라가는 것입니다.

2.
교만하고 어리석은 하만

에스더서 본문에 하나님의 백성 유대인을 대적하는 하만이라는 인물이 나옵니다. 하만은 아말렉 족속입니다. 구약성경에서 아말렉 족속은 이스라엘 백성들이 출애굽 하는 여정 곧 구원의 여정을 방해한 족속입니다. 하나님의 백성들이 구원받는 것을 싫어하는 족속들입니다. 이들은 꼭 뒤쳐진 사람들, 노인들이나 병든 사람들, 출애굽 여정 가운데 시험 들어서 쓰러지고 넘어지는 사람들을 뒤에서 공격하고 처단합니다.

오늘도 앞장서서 열심히 기도하고 신앙생활하며, 교회 비전을 따라 흘러가는 사람들은 마귀가 공격하지 못합니다. 그런데 혼자 시험 들어 집에서 쓰러져 있으면 위험합니다. 어떤 사람들은 하나님 앞에서 혼자 기도하고, 혼자 시험 들기도 합니다. 하나님이 살아 계시는지, 죽으셨는지 아무리 기도해도 소용없다며 넘어져 있는 분들도 있습니다. 그때 이단이 공격하기도 하고, 마귀가 공격해서 구원의 면류관을 빼앗으려고 합니다. 이 마지막 때에 마귀가 시험 들어 넘어진 자들을 삼키기 위해 우는 사자처럼 뛰어다니고 있음을 기억해야 합니다.

특별히 이스라엘 사람들은 부림절, 해방절을 통해 하만의 손에서 구원받은 것을 마귀로부터 구원받은 것으로 받아들이고 있습니다. 에스더서를 읽으면서 하만이란 이름만 나오면 마귀로 생각해서 "밟아라! 밟아라! 이름을 지워라! 지워라!" 하며 하만의 그 악한 이름을 지우라고 외치는 것입니다. 저들은 하만을 마귀로 해석하고 있는 것입니다.

오늘 본문을 살펴보면, 에스더 왕후는 3일간의 금식기도를 마치고 "죽으면 죽으리라."는 각오로 왕 앞에 나아갑니다. 왕은 기쁘게 왕후를 맞이하고, 나라의 절반이라도 주겠다며 뭐든지 말하라고 합니다. 그때 에스더 왕후가 미련퉁이처럼 행동했다면 아마도 실패했을 것이라는 이야기는 앞 장에서 살펴보았습니다.

　에스더는 왕과 하만을 두 번이나 잔치에 초대합니다. 에스더가 여유가 있습니다. 하나님의 때를 기다리는 것입니다. 하나님이 감동을 주실 때까지 기다리는 것입니다. 그 문제를 자기가 해결하려는 것이 아니라, 하나님의 손에 맡겨 드리는 여유가 있었습니다.

　반면 하만은 이 사실에 대단히 고무되어 자신이 정말 대단한 존재라고 착각합니다. 이게 바로 마귀의 본성, 곧 교만한 자나 거만한 자, 오만한 자의 본성입니다. 하나님의 사람들은 좋은 일이 있을 때 교만하지 않습니다. 어려운 일이 있을 때 비굴하지 않습니다. 이게 하나님의 사람들의 품성입니다. 좋은 일이 있을 때 교만하지 않도록, 어려운 일이 있을 때 비굴하지 않도록 믿음을 가져야 합니다. 이때 그 사람의 신앙을 알 수 있습니다. 좋은 일을 겪어 보면 알 수 있습니다. 어려운 일을 당해 보면 저 사람이 하나님의 사람인지, 아니면 그동안 가식적인 사람이었는지 들통이 납니다. 평상시에는 잘 모를 수 있습니다. 그러나 좋은 일이나 어려운 일을 당해 보면 금방 자신의 정체가 드러나게 됩니다.

　하만은 자아도취와 자만에 빠진 채 궁궐을 나오다가 모르드개와 다른 대신들과 부딪히게 됩니다. 모든 사람들이 하만 앞에 머리를 조아리고 절을 합니다. 그런데 모르드개는 머리를 조아리지 않았습니다.

"일어나지도 아니하고 몸을 움직이지도 아니하는 것을 보고 매우 노하나"(에 5 : 9).

모르드개는 무릎을 꿇기는커녕 일어나지도 않습니다. 굽실거리기는커녕 몸을 움직이지도 않았던 것입니다. 여기서 몸을 움직이지 않았다는 말은 이중적인 의미를 가지고 있습니다. 자세가 비굴하지 않았다, 고정 자세로 있었다는 것입니다. 뿐만 아니라 떨지 않았다, 두려워하지 않았다는 것입니다.

모르드개는 자신뿐만 아니라 동족이 모두 몰살당할 위기에 빠져 있습니다. 그러면 그 앞에서 두렵고 떨리기 마련이잖아요? 그런데 기도하고 일어선 사람은 이렇습니다. 마귀에게 절하지 않고, 무릎 꿇지 않고, 당당하고 위엄이 있으며, 품위 있게 살아갑니다. 이런 모르드개의 모습에 하만은 몹시 불쾌하게 생각하고 기분이 상했습니다. 이놈을 처단하지 않고는 안 되겠다고 생각합니다. 자신에게 고개 숙이지 않는 모르드개를 보며 죽이고 싶을 만큼 화가 났습니다. 이는 망해 가는 자의 모습입니다. 이것이 교만하고 오만한 자의 모습, 곧 마귀의 특징입니다. 마귀를 상징하는 교만한 하만은 분노가 가라앉지 않았습니다. 이 분노를 이기지 못해서 자신이 빠지게 될 함정을 스스로 파기 시작했습니다.

교만한 사람은 분노를 이기지 못해 망하게 됩니다. 자존심이 상했을 때 '저것들이 내 자존심을 건드려? 너 오늘이 제삿날이야.' 하면서 결정하고 판단하는 것, 그때 말하고 생각하는 모든 것이 마귀로 하여금 틈 탈 기회를 주는 것입니다. 그렇게 생각하는 모든 것들이 스스로를 망하게 하는 길로 가게 만듭니다.

"분을 내어도 죄를 짓지 말며 해가 지도록 분을 품지 말고 마귀에게 틈을 주지 말라"(엡 4 : 26-27).

분노했을지라도 서산에 해가 지기 전에 그 분노를 가라앉혀야 합니다. 잠자리에 들 때에 이 모든 것을 해결해야 합니다. 그러면 꿈속에서라도 마귀에게 기회를 주지 않게 됩니다. 분노로 결정하는 일은 잘못된 길로 가게 만듭니다.

하만은 집에 도착하자마자 부인을 부릅니다. 그리고 친구들을 불러 모읍니다. 남이 칭찬하지 않으니까 스스로 자신을 칭찬합니다. 자신의 부귀를 자랑합니다. 많은 자식들을 자랑합니다. 특히 왕후마저 자기에게 뭔가 아쉬운 부탁이라도 있는 듯 두 번씩이나 왕과 자신만 잔치에 초대했다고 거드름을 피웁니다. 망할 사람들은 만나고 교제하는 친구들조차도 분별력이 없으며, 똑같이 거만한 자들뿐입니다. 이래서 좋은 친구를 사귀어야 합니다.

하만의 친구들은 함께 모르드개를 욕하며 "1년이 채 되기 전에 모르드개와 유대인들을 모두 멸하겠지만 그때까지 갈 이유가 있느냐? 왕이 너를 이렇게 총애하고, 왕후가 너를 이렇게 아끼는데 내일 잔치에 가서 이야기해라."라며 모르드개를 먼저 처단하자고 제안합니다. 그리고 아마도 "건배! 모르드개의 처형을 위하여!" 하며 그 밤을 보냈을 것입니다.

왕이나 왕비가 자기를 이토록 신뢰하고 의지하는데, 그까짓 모르드개 한 놈 처형하는 일을 자기에게 맡기지 않으랴 그렇게 생각했습니다. 하만에게 있어서 모르드개는 그까짓 놈이었겠지요. 그러나 하나님의 눈에는 모르드개가 눈에 넣어도 아프지 않을 만큼 소중한 존재였습니다. 눈동자 같은 존재였습니다. 세상이 여러분 한 분, 한 분을 볼 때 그까짓 것이라고 여길 수도 있겠지요. 그러나 하나님의 품 안에서 하나님의 눈으로 볼 때는 존귀하고 소중한 존재입니다.

그래서 하만은 왕의 허락도 없이 오십 규빗 높이, 자그마치 23m, 곧 아파트 10층 높이의 형틀을 준비합니다. 그 정도 높이는 되어야 수산성 사방에서 누구든 볼 수 있겠다고 생각한 것입니다. 연속극으로 말하면 형틀 망나니가 그 앞에서 춤을 추는 아슬아슬한 장면에서 막이 끝나고 다음 편으로 이어지는 상황입니다. 5장 마지막 절 말씀이 "나무를 세우니라"(에 5 : 14)로 끝이 납니다. 그리고 그 다음 이야기인 6장 1절의 말씀을 잠깐 보겠습니다.

"그날 밤에 왕이 잠이 오지 아니하므로 명령하여 역대 일기를 가져다가 자기 앞에서 읽히더니"(에 6 : 1).

하나님의 간섭, 하나님의 작전이 이제 슬슬 펼쳐지기 시작합니다. 이 싸움에 대해 하만은 그까짓 모르드개와의 싸움이라고 생각했습니다. 그러나 실상은 하나님과의 싸움이었던 것입니다. 우리의 싸움이 하나님의 싸움으로 바뀌고 나면, 우리 문제가 하나님의 문제로 바뀌고 나면, 그때부터 이것은 우리가 싸워서 이기는 싸움이 아닙니다. 이겨 놓고 싸우는 싸움입니다.

3.
이겨 놓고 싸우는 싸움

하나님의 자녀들이 하나님께 기도하며 마귀를 대적하여 싸우는 싸움의 특징이 여기에 있습니다. 이 싸움은 싸워서 이기는 싸움이 아닙니다. 이겨 놓고 싸우는 싸움입니다. 왜요? 이 싸움은 곧 하나님의 싸움이기 때문입니다.

우리 그리스도인들 가운데 마귀의 존재를 잘 모르는 사람들도 있고, 마귀를 두려워하는 사람들도 있습니다.

　늙은 마귀 하나가 어린 마귀에게 자기들이 쉽게 공격할 수 있는 대상이 있다고 가르칩니다. 마귀의 정체를 인정하지 않는 사람들은 공격하지 않는다는 것입니다. 영적으로 무지한 사람들이기 때문입니다. 그리고 세상만사 모든 것을 다 마귀 짓이라고 생각하는 사람들이 있습니다. 주권을 하나님께 돌리는 것이 아니라 마귀에게 돌리고 사는 사람들입니다. 감기에 걸려도 마귀, 돌부리에 걸려 넘어져도 마귀를 탓합니다. 예배시간에 누가 조금만 떠들어도 "이 마귀 새끼야!" 하고, 남편이 술 한 잔 마시고 와도 "이 마귀 새끼야!" 하고, 공부 안 하는 아이들한테도 "이 마귀 새끼야!" 하며, 매일 마귀 새끼라 말하고, 모든 일들을 마귀의 짓으로 보는 사람들이 있습니다. 마귀는 이런 사람들이 삼키고 공격하기 좋다고 가르쳤습니다.

　마귀론이나 천사론에 관해서는 성경이 가르쳐 주는 범위 내에서만 알면 됩니다. 하나님은 묵상하지 않고, 너무 마귀만 연구하는 사람들이 있습니다. 이분들은 굉장히 위험한 사람들입니다. 성경에 없는 연구를 하다 보니 '제 명에 못 죽어서 떠돌아다니는 영혼이 귀신이다'라고 해석하는 것입니다. 성경에 없는 연구까지 하는 것입니다. 마귀는 이런 사람들도 공격하기 좋다고 말합니다.

　이사야서에서 마귀는 타락한 천사로 등장합니다. 그는 하나님이 만든 피조물 가운데 영광스런 존재였습니다. 그가 교만해지고 타락해서 마귀가 되었다는 것입니다. 욥기에 보면 마귀는 하나님의 자녀들의 형통을 시기하는 악한 영적 존재로 등장합니다. 유다서에 보면 마귀는 자기 지위, 위치, 본분을 떠난 천사라고 합니다. 베드로후서에는 결론적으로 범죄한 천사로 나와 있습니다. 여기까지가 성경이 가르쳐 주는 내용입니다.

에베소서는 사탄에게 틈을 주지 말라고 했는데, '틈'은 헬라어로 '토포스'로서 장소, 공간, 기회, 조건으로 해석됩니다. 따라서 사탄에게 틈을 주지 말라는 말은 내 인생의 핸들을, 내 인생의 키를 마귀에게 맡기지 말라는 것입니다. 인생의 주인 자리를 하나님께 내어 드려야지 마귀에게 빼앗기고 살아서는 안 된다는 것입니다. 우리의 생각을 하나님으로 충만히 채우고 살아야지, 악한 생각으로, 비신앙적이거나 비복음적인 생각으로 흘러가도록 내버려 두지 말라는 것입니다.

마귀가 가룟 유다에게 예수님을 팔 생각을 집어넣었더니, 가룟 유다가 그것을 받아들여 사로잡히게 되었다는 것입니다. 하나님께 예배해야지, 미신에게 내 마음을 빼앗겨서는 안 됩니다. 하나님은 어떤 일이 있어도 자신의 영광, 예배를 빼앗기지 않는 분입니다. 그러니 습관을 정결하게 해야 합니다. 내 몸, 내 마음, 내 영혼을 정결하게 하고, 예배, 사람관계가 깨끗해야 합니다. 내 몸 안에 하나님이 거하신다고 하셨습니다. 내 몸이 하나님이 거하시는 성전이라면 어떻게 살아야 될까요? 내 몸이 하나님의 것임을 알고 항상 단정히 해야 합니다. 항상 자기를 하나님 앞에 드릴 제물로 만들어 놓는 것이 중요합니다. 내 마음에서 불행한 것이나 기쁘지 않은 것은 보혈로 빨리 씻어 내야 합니다. 성령의 기름 부으심으로 빨리 씻어 내어 정결하게 해야 합니다.

예전에 갑상선으로 고생하다 보니 우울할 때가 있었습니다. 그런데 이것을 이기려고 하니까 이겨지더군요. 죄책감에 나를 내버려 두지 않을 때가 있습니다. 그때마다 항상 보혈을 바르고, 스스로를 정결하게 하여 불안과 공포를 떨쳐 내야 합니다. 또한 용서하지 못해 마음에 원수를 담고 살지 마시기 바랍니다. '나는 너를 용서하고 살겠다. 너랑 신뢰를 회복하는 것은 시간이 걸리겠지. 그러나 나는 너를 미워하지 않겠다. 예수님의 이름으로 용서한다. 사랑한다.' 스스로 그렇게 결심하는 것입니다. 신문을 보더라도 오늘의 운세와 같은 것을 보면 안 됩니다. 병마에게 내 인생의 핸들을 맡기면 안 됩니다. 물질 관리도 하나님이 기뻐하시는 대로 운영해야 합니다. '하나님께서 이것은 기뻐하지 않으시겠다. 내 분수를 넘어선 빚이다.' 생각하고 관리해야 하는 것입니다. 그렇지 않으면 그것은 투자가 아니라 투기가 됩니다. 빚을 내서 투자해 보자는 생각은 투기입니다. 욕심이 잉태하면 죄를 낳습니다. 결국 망하는 것입니다. 물질 관리를 하나님 앞에서 성실하게 해야 합니다. 이것이 하나님의 사람들의 자세입니다.

4.
하나님 자녀의 권세

하나님께서 이 모든 것을 물리칠 수 있는 권세를 우리에게 주셨습니다. 우리는 십자가의 능력을 가지고 있습니다. 우리에게는 보혈의 권세가 있습니다. 예수님의 보혈의 피를 바르고, 성령의 능력을 구하고, 하나님의 말씀을 붙들고, 머리에 구원의 투구를 써서 우리의 모든 생각이 보혈로, 복음으로 꽉 차게 만들어야 합니다. 말씀으로 세상을 정복하고 살아가는 것입니다. 사탄이 공격해 들어오지 못하도록 방패를 들고, 가슴에 흉배를 붙이고, 진리의 허리띠로 단정하게 하여 자세를 꼿꼿하게 세우고, 평안의 복음의 신발을 신고 살아가는 것입니다. 세상을 다니다가 헛발 디디면 안 되니까요.

하나님이 나를 부르시는 그날까지 나를 공격하는 병마와 싸워서 이겨야 합니다. "나사렛 예수의 이름으로 명하노니 나를 공격하는 병마야, 떠나갈지어다. 암을 일으킨 뿌리, 모든 원인들, 예수의 이름으로 명령한다. 떠나가라." 하며 물리쳐야 합니다. "나를 불행하게 만드는, 내 마음의 상처를 만들어 가는 사악한 영들아, 떠나갈지어다. 우리 남편과 자식들, 그리고 교회를 공격하는, 이 나라 민족을 공격하는 더럽고 추악하고 간사한 영들아, 떠나갈지어다." 하며 마귀를 대적해야 합니다.

마귀는 항상 악하고, 더럽고, 지저분합니다. "깨끗하고 정갈한 마귀야, 떠나가라."는 말은 없습니다. 하나님께서는 "영접하는 자 곧 그 이름을 믿는 자들에게는 하나님의 자녀가 되는 권세를 주셨으니"(요 1 : 12)라고 말씀하셨습니다.

기도도 하나님 앞에 간구하며 임재에 젖어드는 평안의 기도가 있습니다. 그러나 영적인 싸움을 위한 전쟁은 명령하는 것입니다. 우리에게 권세가 있습니다.

"잠잠하라 고요하라"(막 4 : 39).
"더러운 귀신아 그 사람에게서 나오라"(막 5 : 8).
"더러운 귀신을 명하사 그 사람에게서 나오라"(눅 8 : 29).

이 악한 영과의 싸움은 명령기도입니다. 에베소서 6 : 10~20 사이에는 완전 무장으로 전신 갑주를 입으라, 취하라고 말씀합니다.

"하나님의 전신 갑주를 입으라"(엡 6 : 11).

"하나님의 전신 갑주를 취하라"(엡 6 : 13).

하나님께서 여러분에게 주신 권세를 회복하고, 은사를 구하고, 명령할 수 있는 기도의 권능을 받아서 주변을 정갈하게, 깨끗하게, 건강하게, 행복하게 승리로 이끌어 가게 되시기를 바랍니다.

ESTHER

ESTHER

9장 /

하나님이 움직이기 시작하시면

에스더 6 : 1~14

¹ 그날 밤에 왕이 잠이 오지 아니하므로 명령하여 역대 일기를 가져다가 자기 앞에서 읽히더니 ² 그 속에 기록하기를 문을 지키던 왕의 두 내시 빅다나와 데레스가 아하수에로 왕을 암살하려는 음모를 모르드개가 고발하였다 하였는지라 ³ 왕이 이르되 이 일에 대하여 무슨 존귀와 관작을 모르드개에게 베풀었느냐 하니 측근 신하들이 대답하되 아무것도 베풀지 아니하였나이다 하니라 ⁴ 왕이 이르되 누가 뜰에 있느냐 하매 마침 하만이 자기가 세운 나무에 모르드개 달기를 왕께 구하고자 하여 왕궁 바깥뜰에 이른지라 ⁵ 측근 신하들이 아뢰되 하만이 뜰에 섰나이다 하니 왕이 이르되 들어오게 하라 하니 ⁶ 하만이 들어오거늘 왕이 묻되 왕이 존귀하게 하기를 원하는 사람에게 어떻게 하여야 하겠느냐 하만이 심중에 이르되 왕이 존귀하게 하기를 원하시는 자는 나 외에 누구리요 하고 ⁷ 왕께 아뢰되 왕께서 사람을 존귀하게 하시려면 ⁸ 왕께서 입으시는 왕복과 왕께서 타시는 말과 머리에 쓰시는 왕관을 가져다가 ⁹ 그 왕복과 말을 왕의 신하 중 가장 존귀한 자의 손에 맡겨서 왕이 존귀하게 하시기를 원하시는 사람에

게 옷을 입히고 말을 태워서 성 중 거리로 다니며 그 앞에서 반포하여 이르기를 왕이 존귀하게 하기를 원하시는 사람에게는 이같이 할 것이라 하게 하소서 하니라 ¹⁰ 이에 왕이 하만에게 이르되 너는 네 말대로 속히 왕복과 말을 가져다가 대궐 문에 앉은 유다 사람 모르드개에게 행하되 무릇 네가 말한 것에서 조금도 빠짐이 없이 하라 ¹¹ 하만이 왕복과 말을 가져다가 모르드개에게 옷을 입히고 말을 태워 성 중 거리로 다니며 그 앞에서 반포하되 왕이 존귀하게 하시기를 원하시는 사람에게는 이같이 할 것이라 하니라 ¹² 모르드개는 다시 대궐 문으로 돌아오고 하만은 번뇌하여 머리를 싸고 급히 집으로 돌아가서 ¹³ 자기가 당한 모든 일을 그의 아내 세레스와 모든 친구에게 말하매 그중 지혜로운 자와 그의 아내 세레스가 이르되 모르드개가 과연 유다 사람의 후손이면 당신이 그 앞에서 굴욕을 당하기 시작하였으니 능히 그를 이기지 못하고 분명히 그 앞에 엎드러지리이다 ¹⁴ 아직 말이 그치지 아니하여서 왕의 내시들이 이르러 하만을 데리고 에스더가 베푼 잔치에 빨리 나아가니라

1.
대역전드라마

파주 운정에 사시는 한 집사님이 이태원에 있는 명품 가게에 갔습니다. 명품 하나를 사고 계산하면서 그렇게 요청했대요. "저 파주에서 왔어요. 차비 좀 빼 주세요." 그러자 주인이 말했습니다. "아이고, 우리 가게에는 미국에서도 오시고, 유럽에서도 오시는데 비행기 값 못 빼 줘요."

이런 상황을 번데기 앞에서 주름 잡는다고 말합니다. 손가락 만한 권세를 휘두르다가 주름 찢어진 이야기가 오늘 본문의 이야기입니다.

1973년으로 기억합니다. 여의도에서 빌리 그레이엄(Billy Graham) 목사님의 집회가 계속되고 있었습니다. 그 시간에 동대문에서는 한국과 이스라엘이 축구경기를 하고 있었습니다. 지금은 우리가 훨씬 더 잘하지만, 그때는 이스라엘이 우리보다 축구를 더 잘할 때입니다. 5분을 남겨 두었는데 1대 0으로 지고 있었습니다. 그런데 그때 차범근 선수가 2골을 연속으로 넣었습니다. 어마어마한 역전드라마가 펼쳐지게 된 것입니다.

40년 전 복싱의 홍수환 선수가 헥토르 카라스키야(파나마)에게 맞아 4번 다운되고, 5번째 일어나서 승리함으로 4전 5기의 신화를 만들었습니다. 엄청난 대역전극이 일어났던 그날은 주일이었는데, 오전 예배가 끝나는 12시 조금 지난 시간이었습니다. 예배를 마치고 막 들어갔는데 홍수환 선수가 4번째 쓰러져 있었습니다. 끝났구나 생각했는데 갑자기 홍수환 선수가 벌떡 일어나더니 팍팍팍팍! 카라스키야를 쓰러뜨리는 것이 아닙니까? 정말 그 감격이 지금까지도 생생하여 그때를 생각하면 미소가 나오고 통쾌함으로 온몸에 전율이 느껴집니다.

씨름에도 뒤집기가 있습니다. 하지만 스포츠에만 뒤집기, 역전 드라마가 있는 것이 아닙니다. 인생사에도 역전드라마가 있습니다. 하나님의 간섭이 시작되면 역전극이 일어납니다. 오늘 본문은 하나님께서 백성들에게 역전드라마를 보여 주시기 위해 직접 움직이시는 이야기입니다.

포로로 끌려간 지 70년 만에 하나님의 백성들이 고국 땅으로 돌아와 무너진 성전을 수축하게 됩니다. 바벨론에 포로로 끌려갔던 백성들이 스룹바벨과 대제사장 예수아의 인도하에 제1차 귀환(스 2 : 64-67)을 하게 됩니다. 그리고 제2차로 에스라가 한 무리의 백성을 이끌고 예루살렘으로 돌아오게 됩니다(스 7 : 9). 에스더서의 이야기는 바로 그 중간 어간에 일어난 일입니다. 이스라엘의 바벨론 이민 100년사에 펼쳐지는 이야기입니다.

이런저런 이유로 고국으로 돌아오지 못하고 페르시아(바사) 제국에 머물러 살던 사람들이 있었습니다. 그 유대인들 전체가 신앙의 절개를 지키려던 모르드개로 말미암아 몰살당할 위기에 빠졌습니다. 이 일로 왕후와 모르드개, 온 백성들이 금식하며 베옷을 입고 통곡했습니다. 이렇게 통곡하면 눈앞에 어떤 역사가 나타나야 하는데, 소위 손바닥만 한 구름이라도 떠올라야 하는데 아무런 일도 일어나지 않습니다. 오히려 더 큰 위기에 빠져들게 된 것입니다. 특별히 에스더 6장에 보면 11개월이 지나면 민족 대학살이 이뤄지는 상황에서 모르드개가 하만의 손에 처형될 위기를 맞게 됩니다.

모르드개는 11개월이 지나면 유대인들과 함께 처형될 것입니다. 그런데 하만이 에스더 왕후의 잔치에 참석하고 대궐 문을 나설 때 다른 사람들은 무릎을 꿇고 머리를 조아리는데, 모르드개는 미동도 하지 않았습니다. 조금도 두려워함 없이 당당하게 서 있었습니다. 그 일이 얼마나 하만의 속을 뒤집어 놨는지, 하만은 그날 밤에 23m에 달하는 장대 형틀을 세웠습니다.

에스더가 초대한 잔치에서 돌아온 하만은 마음이 조급해져서 왕의 허락을 받기 위해 그 밤에 왕을 찾아갑니다. 모르드개를 처형하게 해 달라는 왕의 허락을 받아오겠다는 것입니다. 왕은 마침 잠이 오지 않아서 독서 중이었습니다. 하만은 내시로부터 기다리라는 전갈을 받고 똥 마려운 강아지처럼 궁궐 뜰을 왔다 갔다 합니다. 하나님의 간섭은 이미 작동하기 시작했습니다. 하나님께서 말씀하십니다. "내가 움직여 볼까? 내가 움직이기 시작하면 어떤 일이 일어나는지 볼래? 역전드라마를 보려 무나."

2. 그날 밤

하나님의 대역전드라마가 펼쳐지는 내용이 에스더서 6장입니다. 첫 절부터 하나님께서 슬슬 움직이는 그림이 펼쳐지기 시작합니다.

"그날 밤에 왕이 잠이 오지 아니하므로"(에 6 : 1).

'그날 밤'은 에스더 왕후의 잔치가 있었던 그날 밤, 하나님이 움직이기 시작하신 그날 밤, 하나님의 간섭이 시작되는 그날 밤이었습니다. 바로 그날 밤에 왕이 잠이 오지 않았다는 것입니다. 잠을 자려고 하는데 하나님의 젓가락이 눈꺼풀을 뒤집어 놓은 것 같습니다. 자려고 하면 할수록 눈이 점점 커지는 거예요. 누군가 눈꺼풀을 뒤집는 것처럼, 눈을 감았는데도 잠이 오지 않는 그날 밤이었습니다.

에스더가 왕후로 간택되었던 그날도 왕이 에스더를 보는 순간에 하나님께서 왕의 눈을 이미 뒤집어 놓으셔서 에스더에게 반하게 됩니다. 두 번째로 에스더가 3일 금식기도를 마치고 '죽으면 죽으리라' 결단하고 왕을 찾아갔습니다. 금식한 후라 용모가 초췌했을 텐데, 늘 보던 아내인데도 왕의 가슴을 설레게 만듭니다. 왕의 눈을 뒤집어 놓은 하나님의 간섭이었습니다.

오늘 본문의 '그날 밤', 잠자리에 들려고 하던 왕은 잠이 오지 않았습니다. 보통의 왕이라면 잠이 오지 않을 경우 어떻게 할까요? "술상을 차려라. 궁녀를 불러라. 아니면 풍악을 울려라. 춤을 추자." 그럴 수도 있지요. 그런데 이게 웬일입니까? 술상 대신 "궁중 일기를 가져오너라."라고 합니다.

왕은 궁녀들을 대령하게 한 것이 아니라 내시를 불러서 궁중 일기를 읽으라고 명령합니다. 그것도 옛 왕들의 일기장이 아니라 자신의 치리 기간 동안 일어난 이야기를 읽고 있는 것입니다. 이것이 바로 하나님의 간섭입니다. 하나님이 움직이시면 모든 역사가 하나님의 사람들을 향하여 움직이게 되는 것입니다. 하나님이 시작하시면 모든 상황은 하나님의 자녀들에게 유리한 방향으로 움직이기 시작하는 것입니다.

여러분에게도 잠 못 이루는 밤이 있었습니까? 그때 여러분은 술상을 펼쳤습니까? 아니면 하나님의 음성을 들었습니까? 걱정, 근심에 사로잡혀 있지는 않았습니까? 잠 못 이루게 만든 그 상황을 생각하면서 분노에 치를 떨고 있지는 않았습니까? 그럼 망하는 것입니다. 그럴 때는 하나님의 음성을 들어야 합니다.

저는 잠 못 이루는 밤을 한 번 경험한 적이 있습니다. 요즘은 40대, 50대가 되어도 교회를 맡기 어렵지만, 제가 처음 교회를 맡아서 갈 때 저는 30대 초반이었습니다. 제가 섬기는 교회를 떠나서 새로운 교회로 부임하게 되어 목사님께 인사를 갔더니 목사님이 그러시더라고요. "불혹의 나이가 되기 전에 평생 섬길 교회를 찾으셔야 합니다." 그때 저는 불혹의 나이가 되어 가고 있었습니다. 아니나 다를까 한국교회 이곳저곳에서 저를 청빙하는 교회들이 생겨나기 시작했습니다. 교인들이 자꾸 만류를 하니까 못 가고 있었습니다. 저는 '불혹의 나이가 되기 전에 내 인생에서 중요한 결단을 내려야 되겠다.' 하고 100일 기도를 시작했습니다. 달력에 표시를 하면서 내려가고 있었는데, 100일째 되는 그날까지 응답이 없는 거예요. 그날 밤잠을 자지 못하고 있었습니다. 그러다가 새벽예배를 인도하고 집에 들어오면서 아침 신문을 들고 들어갔습니다. 그 신문에서 하나님의 응답을 보게 된 것입니다. 당시 5개 신도시에 대한 특집 기사였습니다. '아! 이것이구나!' 하고 5개 신도시를 살펴보기 시작했습니다. 다시 40일 기도를 시작했습니다. 달력에 표시를 하면서 내려가고 있었습니다. 이번에는 어디로 갈까만 남아 있는 상황이었습니다. 140일 기도가 끝나고 한소망교회를 시작하게 되었습니다. 밤잠 자지 못하는 그날 밤이 하나님이 역사하시는 밤, 하나님이 여러분을 향하여 움직이기 시작하시는 밤으로 믿고 기도하시기 바랍니다.

아하수에로 왕과 원수 하만이 잠 못 드는 그날 밤에 진짜 잠 못 이루신 분이 있었습니다.

"이는 졸지도 아니하시고 주무시지도 아니하시리로다"(시 121 : 4).

여러분이 걱정, 근심으로 잠 못 드는 그날 밤, 하나님께서도 여러분을 지키시기 위하여 곁에서 주무시지 않고 지키고 계심을 느끼시기 바랍니다. 믿으시기 바랍니다. 역사를 경험하시기 바랍니다.

여러분이 고난 중에 괴로워하고, 아픔을 부둥켜안고 신음할 때 하나님은 주무시지 아니하시고 곁에서 그 고통을 함께 느끼면서 고통을 어루만지시고 품고 계심을 느껴 보시기 바랍니다. 역사를 경험하시기 바랍니다.

지금 한반도를 가운데 두고 세계열강들이 각기 다른 셈법을 가지고 잠 못 이루는 밤을 보내고 있습니다. 미국이 평안하겠습니까? 김정은이나 북한이 평안하겠습니까? 우리나라가 평안하겠습니까? 우리 앞에 기회가 펼쳐지고 있어 기대감을 가지고 있습니다. 그러나 여차 잘못되면 한반도는 전쟁의 소용돌이에 휘말릴 수 있습니다.

북한의 김정은 정권은 전 세계적으로 압박을 받고 있어 꼼짝달싹 못하고 있습니다. 국제적인 고아, 고립 상태에 빠진 것입니다. 이 압박이 계속된다면 북한의 수출은 금년 내에 90% 감소합니다. 경제성장 −5%가 됩니다. 한 해 경제성장 −5%는 국가 부도 상태에 빠지는 것입니다. 그래서 북한이 항복하고 이 대화의 마당으로 나오는 것입니다. 비핵화 마당으로 나오는 것입니다. 이것이 진정성이 있는 행동인지, 전술적인 작전인지 아직 판가름하기 어렵습니다.

한편, 트럼프는 자기들이 계획한 대로 협상이 잘되지 않으면 "나는 협상 테이블에서 일어서서 나오겠다."라고까지 이야기합니다. 나오는 순간 버튼을 누르겠다는 것입니다. 북한을 공격하겠다는 것입니다. 이를 대비해서 한 판 벌여 놓은 상을 펼쳐 보이겠다는 것입니다.

바로 우리가 이런 갈림길에 서 있습니다. 이러한 상황에서 비핵화와 같은 평화 로드맵으로 흘러갈 수 있을지 편안히 잠을 잘 수 없는 시기를 보내고 있는 것입니다. 삐거덕 잘못되면 한반도는 불바다가 되고 말 것입니다. 물론 현재 상황으로서는 북한이 약자니까, 좀 더 인내하고 기다릴 수밖에 없습니다. 이 위기 상황 속에서 우리가 밤잠 이루지 못하는 일들이 우리 앞에 펼쳐지고 있는 것입니다.

내시가 궁중 일기를 읽어 내려가는데 에스더와 모르드개의 이야기가 나옵니다. 왕을 죽이려는 음모가 있었는데, 모르드개의 지혜로 반역자들을 처형했다고 기록되어 있습니다. 왕이 손을 내밀며 "잠깐! 이 사람에게 어떤 상을 내렸는가? 무슨 존귀와 관직을 내렸는가?" 하고 묻습니다. 그러자 내시가 말했습니다. "아무 상도 내리지 않았습니다." 왕이 갑자기 문을 밀치면서 "밖에 누구 없느냐?" 소리를 지릅니다. 마침 밖에서 하만이 서성이고 있었습니다. 하만 총리가 밖에 있다고 대답하니 왕이 "하만을 들라 하라!" 명령합니다. 하만은 얼마나 신이 났을까요? 하만은 '아싸!' 하며 되는 놈은

돌부리에 걸려 넘어져도 일어나면서 금돈을 주워서 일어나고, 도랑 건너다 넘어져도 일어나 보면 주머니마다 붕어, 잉어, 미꾸라지, 메기가 들어 있다고 생각하며 쾌재를 부르며 들어갔을 것입니다.

일반적으로 이런 상황에서 어떤 이야기가 오고갈까요? 왕이 자초지종을 설명하며 하만에게 모르드개란 사람을 아느냐고 물었겠지요. 그러면 끝나는 것입니다. 그때 하만이 "그 자가 그러지 않아도 왕을 무시하고, 그 사건 뒤에 숨어서 나라를 어지럽히고, 나라 법도를 지키지 않고, 그 민족 전체가 ……." 이렇게 이야기하면 끝나는 것입니다.

그런데 왕이 엉뚱한 이야기를 합니다. 왕이 "내가 존귀하게 여기기를 원하는 자가 있는데 그 사람에게 어떻게 하면 좋겠는가?"라고 묻습니다. 왕이 이런 말을 하도록 하신 분이 누구일까요? 바로 하나님이십니다. 에스더서 역사 배후에서 운행하시는 하나님의 손길입니다.

이에 대한 하만의 대답을 보십시오. 하만은 왕이 존귀히 여기는 사람이 자기 말고 누가 있겠는가 생각합니다. 그리고 어처구니없는 대답을 합니다. "왕께서 입으시는 왕복과 왕께서 타시는 말과 머리에 쓰시는 왕관을 가져다가 입히고, 말에 태워서 왕의 신하 중 존귀한 자의 손에 말고삐를 들고 다니게 하며 왕이 존귀히 여기는 사람은 이런 예우를 받는다고 외치게 하십시오." 하만의 이 대답에는 모르드개와 유대인을 몰살시키고 여차 하면 자기가 왕이 되겠다는 야심이 들어 있었습니다. '왕관을 그 사람에게 씌워? 네가 왕이 되려고!' 그 이야기 아니겠습니까? 왕이 되고 싶어 하는 하만의 마음을 읽은 왕은 얼마나 불쾌하고 괘씸하기 짝이 없다고 여겼을까요? 왕은 배신감을 느꼈을 것입니다.

하나님께서 하만을 몰락의 길로 얼마나 급속하게 몰아가시는지 보십시오. 본문 10절에 "속히", 12절에 "급히", 14절에 "빨리"라는 말이 나옵니다. 속히, 급히, 빨리 역사가 펼쳐지고 있습니다. 하나님이 움직이기 시작하시자 이 역사가 속히, 급히, 빨리 펼쳐지고 있는 것을 볼 수 있습니다.

하나님이 움직이기 시작하시면 악인이 급히 몰락합니다. 하나님이 움직이기 시작하시면 의인이 급히 회복되어집니다. 하나님이 움직이기 시작하시면 기도의 응답이 신속하게 일어납니다. 대역전드라마가 빨리 펼쳐집니다. 하나님이 움직이기 시작하시면!

3.
하나님 운전대론

왕이 되고 싶었던 하만은 마부가 되어 그가 그토록 미워하던 모르드개를 왕처럼 모시고 성을 돌며 "왕이 존귀히 여기는 사람은 이런 예우를 받습니다."하고 외칩니다. 안 나오는 목소리로 외치고 다니는 하만의 꼴을 상상해 보십시오. 총리가 마부가 되어서 "왕이 존귀히 여기는 사람은 이런 예우를 받습니다."라고 외치며 다니는 것입니다.

모르드개는 아무 일도 없었다는 듯이 편안하게 집으로 돌아왔습니다. 분노를 이길 수 없었던 하만은 땅을 치며 소리를 질렀습니다. 집에 오자마자 대문을 박차고 "여보!" 소리를 지릅니다. 그런데 그때 친구들이 모여 있었습니다. 친구 한 사람과 하만의 아내가 하만에게 엉뚱한 말을 합니다. "당신이 굴욕을 당하기 시작했으니 당신은 모르드개를 이기지 못하고 그 앞에서 꼬꾸라질 거예요." 이는 아내가 할 말이 아닙니다. 물론 친구가 할 말도 아닙니다. 하만이 "당신! 너희들! 그걸 말이라고 해?" 소리를 지르려고 하는데, 그 말이 끝나기도 전에 궁궐 내시가 도착합니다. "총리님, 왕께서 잔칫상이 조금 일찍 차려졌다고 빨리 들어오라고 하십니다." 하만이 의관정제도 제대로 하지 못하고 급히 왕궁으로 들어가는 것이 6장 마지막 이야기입니다. 그 다음 장면에서 어떤 일들이 펼쳐질지 너무나 뻔하지요.

하나님이 진히 움직이기 시작하시면, 멸할 자가 멸하고 존귀히 여김 받을 자가 존귀히 여김을 받게 됩니다. 권세 가진 자, 잘난 자가 존귀함을 받는 것이 아니라 하나님의 사람 모르드개가 존귀함을 받게 되었다는 이야기입니다.

억울한 일을 당한 당신, 기도하는 당신, 나라의 명운을 가슴에 끌어안고 기도하는 당신이 평범한 한 시민처럼 보일 수 있지만, 하나님의 눈에는 존귀한 존재임을 믿으시기 바랍니다. 하나님께서 역사를 펼쳐 가시면 상상도 못했던 영광스럽고 존귀한 일들이 우리 앞에 펼쳐지게 될 것입니다.

에스더가 나라와 민족을 구하기 위하여 죽으면 죽으리라 하며 왕 앞에 나아갔습니다. 그 뒤에는 금식하며 기도하는 민족이 있었습니다. 통곡하고 금식하며 기도하는 모르드개가 있었습니다. 에스더 뒤에는 역사를 움직이시는 하나님의 손길이 있었던 것입니다.

이번 주간에 우리가 사는 이 도시 경기도 파주시 진서면 어용리 판문점 평화의 집에서 남북 정상이 마주앉을 것입니다. 대통령님이 평화의 집에 앉으시겠지만, 그 뒤에는 기도하는 한소망교회가 있습니다. 기도하는 우리가 있습니다. 내가 있습니다. 하나님이 그 배후에서 역사하십니다. 회담에는 우리를 대표해서 그분이 가시겠지만, 여러분들을 통해 존귀한 역사를 베풀어 주실 것입니다. 기도하는 자는 조연이 아닙니다. 역사의 주연입니다.

비핵화나 한반도의 평화를 위해 운전하는 사람이 누구인가 하는 것이 운전대론이지요. 우리나라가 "우리가 하겠습니다." 말하면, 미국은 "해 봐! 그렇지만 모든 것은 우리가 결정해."라고 말하고, 북한도 "해 봐! 하지만 우리의 동의 없이는 못 해."라고 말합니다.

요즘 패싱(passing, 일종의 왕따)이란 말이 오고갑니다. 소외될까 봐 전전긍긍하던 중국은 "우리가 뒤에서 운전해."라고 말합니다. 러시아 패싱. 일본 패싱. 일본은 패싱 당할까 봐 백악관으로 달려갔습니다.

사랑하는 여러분, 그러나 기억하십시오. 역사를 운행하시는 분은 하나님이십니다. 하나님 패싱은 망하는 것입니다. 모든 주권을 하나님 앞에 올려드리기를 원합니다. 이런 일이 펼쳐질 때 한국교회 패싱, 곧 한국교회의 기도 없이 이런 일들이 펼쳐지면 어찌되겠습니까? 역사 무대의 중심에 한국교회가 있어야 합니다.

기도하지 않고 이런 일들이 펼쳐지면 어떻게 되겠습니까? 우리가 두려워해야 하는 것은 기도 패싱 아니겠습니까? 기도 패싱, 그러면 역사가 어떻게 되겠느냐는 것입니다. 운전대를 하나님 앞에 맡겨 드려야 합니다. 한국교회가 운전대를 움켜쥐는 것입니다. 기도의 손으로 운전대를 잡는 것입니다. 그게 정답입니다.

여러분의 인생사에도 국가적인 문제 못지않게 얼마나 어려움이 많이 있습니까? 자녀문제, 나이 들어가면서 병들어 가는 내 몸, 세상이 점점 어려워지면서 시작하는 일들마다 만사형통한 일들이 어디 있습니까? 고난 없는 가정이 어디 있습니까? 문제 없는 사람이 어디 있습니까? 밤잠 자지 못하는 고통에 빠지지 않은 사람이 누가 있습니까? 우리 모두의 문제 아닙니까? 이 모든 문제에서 '하나님 패싱' 하면 망하는 것입니다. 하나님 운전대론을 믿으시기 바랍니다.

기도 패싱, 그러면 망하는 것입니다. 기도함으로 하나님의 손에 문제를 올려드리기 원합니다. 하나님 말씀 패싱, 말씀 제쳐두고 사는 게 위기입니다. 하나님보다 앞장서지 말고, 말씀보다 앞장서지 말고, 기도보다 앞장서지 말아야 합니다.

이 모든 문제들은 하나님이 움직이시면 바로 역전될 것입니다. 하나님이 간섭하시면 문제가 해결될 것입니다. 기적이 일어날 것입니다. 역전드라마가 펼쳐질 것입니다. 좋은 일들이 일어날 것입니다. 우리가 기대했던 것보다 더 어마어마한 일들이 이 역사 가운데 일어날 것입니다. '하나님 패싱' 하지 않으면, '한국교회 패싱' 당하지 않으면, '기도 패싱' 하지 않으면, '말씀 패싱' 하지 않으면 이 역사가 일어나게 될 것입니다.

ESTHER

ESTHER

10장 / 끝이 있음을 알았더라면

에스더 7 : 1~10

¹ 왕이 하만과 함께 또 왕후 에스더의 잔치에 가니라 ² 왕이 이 둘째 날 잔치에 술을 마실 때에 다시 에스더에게 물어 이르되 왕후 에스더여 그대의 소청이 무엇이냐 곧 허락하겠노라 그대의 요구가 무엇이냐 곧 나라의 절반이라 할지라도 시행하겠노라 ³ 왕후 에스더가 대답하여 이르되 왕이여 내가 만일 왕의 목전에서 은혜를 입었으며 왕이 좋게 여기시면 내 소청대로 내 생명을 내게 주시고 내 요구대로 내 민족을 내게 주소서 ⁴ 나와 내 민족이 팔려서 죽임과 도륙함과 진멸함을 당하게 되었나이다 만일 우리가 노비로 팔렸더라면 내가 잠잠하였으리이다 그래도 대적이 왕의 손해를 보충하지 못하였으리이다 하니 ⁵ 아하수에로 왕이 왕후 에스더에게 말하여 이르되 감히 이런 일을 심중에 품은 자가 누구며 그가 어디 있느냐 하니 ⁶ 에스더가 이르되 대적과 원수는 이 악한 하만이니이다 하니 하만이 왕과 왕후 앞에서 두려워하거늘 ⁷ 왕이 노하여 일어나서 잔치 자리를 떠나 왕궁 후원으로 들어가니라 하만이 일어서서 왕후 에스더에게 생명을 구하니 이는 왕이 자기에게 벌을 내리기로 결심한 줄 앎이더라 ⁸ 왕이

후원으로부터 잔치 자리에 돌아오니 하만이 에스더가 앉은 걸상 위에 엎드렸거늘 왕이 이르되 저가 궁중 내 앞에서 왕후를 강간까지 하고자 하는가 하니 이 말이 왕의 입에서 나오매 무리가 하만의 얼굴을 싸더라 [9] 왕을 모신 내시 중에 하르보나가 왕에게 아뢰되 왕을 위하여 충성된 말로 고발한 모르드개를 달고자 하여 하만이 높이가 오십 규빗 되는 나무를 준비하였는데 이제 그 나무가 하만의 집에 섰나이다 왕이 이르되 하만을 그 나무에 달라 하매 [10] 모르드개를 매달려고 한 나무에 하만을 다니 왕의 노가 그치니라

1.
시작이 있고 끝이 있다

기러기 울어 예는 하늘 구만리
바람이 싸늘 불어 가을은 깊었네
아아 너도 가고 나도 가야지

박목월(朴木月)의 시 "이별의 노래"입니다. '너도 가고 나도 가야지', 이는 만고불변의 진리입니다.

시골 마을들을 찾아다니며 마을 어르신들과 함께 꾸미는 TV 프로그램이 있었습니다. 몇몇 할아버지와 할머니는 스튜디오까지 올라와 퀴즈대회를 즐겼습니다. 진행자가 물었습니다. "호랑이와 사자가 싸우면 누가 이길까요?" 호랑이라고 하는 사람도 있고, 사자라고 말하는 사람도 있었습니다. "왜 호랑이가 이긴다고 생각하십니까?" 하고 그 이유를 물었더니, "그냥 이기지요."라고 말했습니다. 또 다른 분에게 "왜 사자가 이긴다고 생각하십니까?" 하고 물었더니, 그분이 자신만만하게 대답했습니다. "사자가 이기지요. 사람이든 호랑이든 다 잡아가는 건 저승사자예요."

저승사자가 아니라 이 밤, 이 아침에라도 나를 부르시면 쌓아 두었던 권력, 재물, 명예 등 모든 것을 다 내려놓고 하나님 앞에 설 수밖에 없는 게 인생입니다. 시간의 주인, 생명의 주인은 하나님이십니다.

시작이 있으면 끝이 있습니다. 하나님의 사람들과 세상 사람들이 다른 것은 종말론이 다르기 때문입니다. 출발점이 있으면 종착점이 있습니다. 태어났으면 죽는 날이 있고, 가지면 내려놓을 날이 올 것이며, 올라가면 내려올 날이 올 것입니다. 이것을 다르게 생각해 보면 우리가 당하고 있는 실패, 고난, 아픔, 근심, 걱정도 끝나는 날이 있다는 것입니다. 모든 것은 다 지나간다는 것입니다.

불교는 역사가 돌고 도는 것이라 하여 윤회(輪廻) 또는 전생(全生) 등을 주장합니다만, 기독교의 역사는 직선적(直線的)입니다. 시작이 있고 끝이 있습니다.

"태초에 하나님이 천지를 창조하시니라"(창 1 : 1).
"아멘 주 예수여 오시옵소서"(계 22 : 20).

창조로 시작된 성경은 재림으로, 종말로 끝이 납니다. 이것이 역사요, 인생입니다.

엘리자베스 퀴블러 로스(Elisabeth Kubler Ross)라는 심리학자가 있습니다. 『죽음과 죽어감』이란 책에서 죽음의 심리학에 관한 유명한 주장을 남겼습니다. 죽음을 눈앞에 둔 사람들은 공통적으로 다섯 단계를 거친다고 합니다. 이를 '다브다'(DABDA)라고 합니다.

① Denial – 아니다. 생명의 한계를 선고받았을 때 부정하는 단계입니다.
② Anger – 분노입니다. 하필이면 왜 내가 죽어야 하느냐는 것입니다.
③ Bargaining – 흥정입니다. 하나님과 생명의 주인 되신 분과 흥정을 하게 됩니다.
④ Depression – 우울 단계입니다. 침체에 빠지고 우울증에 빠져들게 됩니다.
⑤ Acceptance – 수용입니다. '죽음이 내 것이구나.' 인정하고 받아들이게 됩니다.

어느 날 문득 "당신의 생명이 끝나 가고 있습니다."라는 이야기를 들으면, 처음에는 부정하는 단계에 이르게 됩니다. 그리고 병원을 찾아다닙니다. 이 병원, 저 병원 찾아다니다가 가장 자신이 신뢰할 만하다고 생각되는 병원에서조차도 동일한 진단을 내리게 되면 죽음을 받아들이게 됩니다.

어느 한 가정에서 남편이 임종을 맞이하고 있었습니다. 마지막 대화를 주고받습니다. 아내가 눈물을 흘리며 "당신 죽으면 나 혼자 어떡하라고?" 그럽니다. 그러자 남편이 아내의 손을 꼭 잡고 말했습니다. "여보, 걱정하지 마. 당신도 조금 있으면 죽어."

그렇습니다. 조금 먼저 가고 조금 나중에 갈 뿐입니다. 누구나 태어나면 죽게 되어 있습니다. 이 세상에 올 때는 순서가 있었지만, 갈 때는 순서가 없습니다. 하나님이 부르시는 방법도 각자 다릅니다.

그 다음에는 분노합니다. 'Why me? 나보다 나이 많은 사람이 많이 있는데, 우리 아버지도 살아 계시는데, 내가 왜? 세상에 나쁜 놈들이 얼마나 많은데, 내가 왜? 기도하는 내가 왜? 하나님 사랑하는 내가 왜?' 그러나 인생은 You too, Me too! 너도 가고 나도 가는 것입니다.

그리고 흥정합니다. "하나님, 이번만 살려 주시면 예배 절대로 빠지지 않겠습니다. 특별새벽기도회 개근 아무것도 아닙니다. 식은 죽 먹기입니다. 평생 해 내겠습니다. 이번만 살려 주시면 몸과 마음, 물질 다 드리고 살겠습니다." 하고 하나님 앞에 흥정하는 것입니다.

그리고 우울증에 빠져듭니다. '의학 소용없다. 목사님께 안수 받고 나았다는 사람도 많던데, 목사도 나한테는 소용이 없네. 자식 놈들이 날 병원에 데려가 봤자 저것들이 뭘 하는데? 돈이 무슨 소용이 있어?' 하며 우울증에 걸리게 됩니다.

그러다가 마지막으로 수용하게 됩니다. '아! 이게 내 것이구나. 우리 선진들이 갔듯이 나도 가는구나.' 죽음이 남의 것이 아니라 바로 내 것임을 받아들이게 됩니다.

하나님은 이 단계를 통하여 우리를 만지시고 이 땅에 살아가면서 삐뚤어지고 잘못된 인생관, 역사관, 사람관계, 하나님과의 관계, 물질과의 관계들을 치료하기 원하십니다. 하나님께서는 우리를 부르기 원하십니다.

2.

인생에 끝이 있음을 알았더라면

본문 에스더 7장을 읽고 또 읽으며 어떤 주제로 말씀

을 나눌까 묵상했습니다. 그러다가 마지막 "모르드개를 매달려고 한 나무에 하만을 다니 왕의 노가 그치니라"라는 10절을 읽었을 때 제 입에서 "아! 이게 인생이구나."하는 말이 튀어나왔습니다. 인생에 끝이 있음을 알았더라면 남을 미워하는 인생이 되지는 않았을 텐데, 남을 죽이는 게 인생의 목표가 되지는 않았을 텐데 하는 생각이 들었습니다.

우리는 알지요. '인생에는 끝이 있다. 내가 지금 겪는 고난에도 끝이 있다. 다 지나간다. 이스라엘 포로생활도 70년 만에 끝이 났다. 한반도 분단에도 남북 정부 분단 고착화로 빠져든 70년이 끝나고 있다. 전쟁의 공포, 휴전의 불안에 시달리던 이 민족, 세계 유일의 분단국가의 오명, 이것도 언젠가는 끝이 있다.' 그래서 믿음을 가지고 기도하는 것입니다. 구국기도를 하는 것입니다. "어느 때까지 우리를 버려두시겠습니까?" 하며 하나님 앞에 부르짖으며 기도하는 것입니다.

한편, 하만이 그토록 미워하며 죽이고자 하는 모르드개를 보십시오. 모르드개는 왕을 죽이려는 반역자들의 이름까지 기억하여 에스더에게 전했습니다. 그리고 에스더가 왕에게 이 사실을 전해서 조사단이 내려옵니다. 모든 모의가 들통나 왕의 생명을 구했습니다. 그러나 아무런 보상이 없습니다. 온 백성과 함께 베옷을 입고 금식하며 3일간 금식기도를 합니다. 그러나 아무런 응답이 없습니다. 오히려 성문 각료들 가운데 총리의 자리에 오른 사람은 원수 하만입니다. 하나님은 원수 아말렉 족속 하만이 무슨 공을 세웠기에 총리가 되도록 두고 보시는 걸까요? 가슴속에서 하나님을 향한 원망과 불평이 터져 나올 만하지요. "조국 땅으로 돌아가지 못하고 포로의 몸으로 살고 있는 하나님의 백성을 멸절시키려는 계획이 진행되도록 두고만 보시는 하나님이 이스라엘의 하나님이 맞습니까? 하만이 저와 모든 유대인을 죽여도 좋다는 왕의 허락을 받았는데, 이 계획이 진행되도록 왕의 어인이 찍힌 것을 그대로 두고 보시는 하나님은 어떤 분입니까?" 하나님을 향하여 울부짖고 싶은 마음이 왜 없었겠습니까?

모르드개에게 믿음이 없었다면 이 상황을 어찌 견딜 수 있었을까요? 역사의 주인이 하나님이라는 사실을 망각했더라면 어찌 이 어마어마한 음모를 견뎌 낼 수 있었을까요? "하나님, 정말 살아 계십니까? 어찌하여 이런 일이 내 눈앞에서 펼쳐지고 있습니까?" 얼마든지 하나님 앞에 와서 소리 지를 수 있는 상황 아니었습니까? 믿음이 없었더라면 말입니다.

3.
하만의 끝

총리 하만은 마부가 되어 말고삐를 붙잡고, 모르드개는 왕관을 쓰고 말에 탔습니다.

"왕이 존귀하게 하시기를 원하시는 사람에게는 이같이 할 것이라"(에 6 : 11).

하만은 "왕이 존귀하게 여기는 사람은 이런 대접을 받는다."라고 외치면서 자신이 지금 역사 무대에서 밀려나고 있음을 왜 느끼지 못했을까요? 뭔가 불길한 징조가 일어나고 있음을 왜 깨닫지 못했을까요? 그 아내와 친구들까지 조언합니다.

"당신이 그 앞에서 굴욕을 당하기 시작하였으니 능히 그를 이기지 못하고 분명히 그 앞에 엎드러지리이다"(에 6 : 13).

그러면 그때라도 깨닫고 유대인 멸절 계획을 취소하고, 왕과 왕후 앞에 무릎을 꿇고 용서를 구했어야 하지 않겠습니까? 그러나 하만은 오히려 더 큰 분노를 드러냅니다. 화를 진정시키지 못합니다. 당장 죽여 버리겠다고 벼르고 있습니다. 바로 이게 악인이 망해 가는 길목입니다.

이때 하나님의 손길은 '속히'(에 6 : 10), '급히'(에 6 : 12), '빨리'(에 6 : 14) 움직이고 있었습니다. 하나님이 침묵하시는 것처럼 보였습니다. 하나님이 주무시는 것처럼 보였습니다. 하나님이 구경꾼처럼 뒷짐 지고 계신 줄 알았습니다. 그러나 하나님이 움직이기 시작하시면 역사가 '속히', '급히', '빨리' 진행됩니다.

한반도의 비핵화, 평화 분위기, 남북한의 모든 관계도 이렇게 진행되기를 기대하게 됩니다. '속히', '급히', '빨리' 말입니다. 하나님이 여러분을 한 번 만지시면 그렇게도 더디게 문 열리던 일들이, 여러분을 괴롭히던 고난과 고통들이, 얽히고설킨 문제들이, 여러분을 괴롭히는 질병들이 '속히', '급히', '빨리' 해결될 것입니다. 회복될 것입니다.

왕과 하만이 함께 초대된 에스더의 잔치에서 왕은 또 왕후를 재촉합니다.

"왕후 에스더여 그대의 소청이 무엇이냐 …… 나라의 절반이라 할지라도 시행하겠노라"(에 7 : 2).

때가 무르익었음을 느낀 에스더가 말합니다.

"내가 만일 왕의 목전에서 은혜를 입었으며 왕이 좋게 여기시면 내 소청대로 내 생명을 내게 주시고 내 요구대로 내 민족을 내게 주소서"(에 7 : 3).

"내가 죽게 생겼습니다. 이 목숨을 건져 주세요. 내 민족이 진멸당하게 생겼습니다. 왕이여, 불쌍히 여겨 주십시오. 내가 왕 앞에 설 때마다 착하기 그지없는 것, 악한 구석이 없는 것, 왕의 마음을 불편하게 해 드린 적이 없는 것을 아시지요? 저를 선히 여기시면 살려 주십시오."라는 것입니다. 은혜로 살게 해 달라는 것입니다.

은혜가 무엇입니까? 자격 없는 자가 누리는 최고의 축복입니다. 이 시간 하나님 앞에 기도할 때에 우리가 뭐 잘난 구석이 있길래, 통일을 위하여 무엇을 했길래, 하나님의 복을 받기 위해서 어떤 충성과 헌신을 했길래, 어떤 착한 구석이 있길래 하나님께 이 기도를 드릴 수 있겠습니까? 누릴 자격이나 받을 자격이 없지만 하나님께 은혜 입기를 바라는 것입니다.

"왕후가 죽게 생겼다니?" 왕이 진노합니다. "내 생명을 지켜 준 유대인들이 진멸당하게 생겼다니? 누가 감히 왕후를 죽이고 왕후의 민족 유대인을 죽이고 도륙하고 진멸한단 말이오?" 여기 죽이고 도륙하고 진멸한다는 말은 하만의 문서에 나타난 말입니다. 왕이 사인을 했습니다. 그것을 읽고 기억했다가 그대로 말합니다. "죽이고 도륙하고 진멸하려는 자들이 있나이다." 왕후가 왕에게 하는 말에서도 반복되고 있습니다.

드디어 에스더가 입을 엽니다. "나와 내 민족을 죽이려는 자는 바로 여기 있는 하만입니다." 에스더서의 클라이맥스입니다. "하만이 두려워하거늘"이란 표현은 사색이 되어 온몸을 떨었다는 것입니다. 왕은 화를 참을 수 없어 자리를 박차고 후원 뜰로 나갑니다. "허허~ 내가 저런 인간에게 속았단 말인가? 내가 사람 보는 눈이 이것밖에 안 된단 말인가? 저 자에게 모든 나라 살림을 맡겼다는 말인가? 어인까지 주었단 말인가?" 하며 자책합니다. 가슴을 칩니다. 분별력을 잃은 하만은 엉금엉금 기어서 왕후 에스더 의자에 얼굴을 파묻고 한 번만 살려 달라고 애원합니다. 그때 밖으로 나갔던 왕이 들어와 보니 하만이 왕후의 의자에 얼굴을 파묻고 있었습니다.

"저가 궁중 내 앞에서 왕후를 강간까지 하고자 하는가"(에 7 : 8).

왕후에게 7보 이하의 거리로 다가가는 것은 당시 강간에 속했기 때문입니다.

"무리가 하만의 얼굴을 싸더라"(에 7 : 8).

이 말이 떨어지기가 무섭게 왕의 호위병들이 하만의 얼굴을 감쌉니다. 얼굴을 감싸는 것은 사형을 의미합니다. 극형이 언도되는 순간입니다.

4.

종말의식

언젠가 숨이 끊어지면 누군가 내 얼굴을 덮어 줄 것입니다. 내 몸에 베옷을 입히고 내 얼굴을 덮을 것입니다. 이러한 종말의식은 내 모든 것을 바꾸어 줍니다. '나도 죽는다. 아! 나도 가야지.' 그러고 나면 하나님을 생각하게 됩니다. 죽는다고 생각하면 삶이 새로워집니다. 이 땅에 영원한 것이 없다는 것을 깨닫게 되면 겸손해지게 됩니다. 오늘을 살아가는 그리스도인에게 종말의식이 사라지면, 강단에서 재림과 종말, 천국에 대한 설교가 사라지면, 천국에 대한 환상이 사라지면 삶이 무력해지게 됩니다. 신앙이 나태해지는 것입니다. 생각하는 것이 불신자와 다를 바가 없습니다. 말하는 입술이 불신자와 다를 바가 없습니다. 품은 욕망들이 세상 사람들과 다를 바가 없습니다. 끝이 있다는 것을 잊어버립니다.

초대교회는 종말의식이 충만했습니다. 잠자리에 들 때에 커튼을 닫으면서 "이 밤에 임하시겠습니까?", 아침에 커튼을 열면서 "오늘 임하시겠습니까?", 성도들이 만나면 "마라나타! 주님이 곧 오십니다." 하고 인사했습니다. 그래서 그들은 신앙을 지키기 위해 목숨까지 버릴 수 있었던 것입니다. 임박한 종말론을 가지고 있었기에 당당하게 하나님만을 위하여 살 수 있었던 것입니다. 초대교회의 능력입니다.

오늘날 많은 이단들이 시한부 종말론을 가지고 있습니다. 몇 월 며칠에 예수님이 재림하신다는 시한부 종말론자들이 많이 있었고, 지금도 있습니다. 이 이단들 때문에 우리가 입은 피해가 엄청납니다. 시한부 종말론이 거짓이라는 게 성경적으로 들통이 나면서 무종말론이 생긴 것입니다. 우리 머릿속에서 종말의식이 없어졌습니다. 종말에 대한 생각이 없어졌습니다. 무종말론이야말로 이단들이 이 땅에 남긴 폐해라고 할 수 있습니다.

하나님이 마지막 날 묻는 말이 있습니다. '키소', '코소', '카소'. 탈무드에 나오는 이야기입니다. '키소'란 돈 주머니이고, '코소'는 술잔, 그리고 '카소'는 불덩어리입니다. '키소'는 "네 돈 주머니가 어디 있느냐? 무엇을 위해 사느냐?" 하는 질문입니다. '코소'는 "네 인생의 행복이 어디 있느냐?" 하는 것입니다. 그리고 '카소'는 "무엇을 위해서 화를 냈고, 무엇을 위해서 네 열정을 발휘하며 살았느냐?" 하는 것입니다.

하버드 대학 총장을 지낸 트루엇 박사가 그 도시에 있는 석유회사 사장과 식사를 하고 있었습니다. 높은 스카이라운지에서 식사를 하면서 석유회사 사장이 동서남북을 가리킵니다. "저 공장도, 저 유전도, 저 빌딩도, 저 집도 제 것입니다." 그때 트루엇 박사가 손가락으로 하늘을 가리키면서 말했습니다. "저 하늘에는 사장님의 무엇이 있습니까?"

오늘이 여러분 인생의 마지막 날이라고 한다면 무엇을 위해서 살겠습니까? '키소', '코소', '카소'.

사형이 언도되자 하만의 눈치만 보던 내시 하나가 하만의 집에 충신 모르드개를 처형하기 위해 23m에 달하는 사형틀이 서 있음을 고발합니다. 본문 마지막 9~10절에 보면 왕이 하만을 그 나무에 달라고 명령하자, 모르드개를 매달려고 한 이 나무에 하만이 달려 죽게 됩니다. "이방 족속인 아말렉 족속을 등용하였더니 자기 분수를 모르고, 저 죽을 줄 모르고, 고얀 놈!" 이게 인생입니다. 내 인생에 끝이 있음을 잊었던 하만의 마지막 장면입니다.

본문을 잘 보십시오. 7 : 1은 "잔치에 가니라", 곧 잔치로 시작합니다. 그리고 7 : 10은 "나무에 하만을 다니", 곧 처형됩니다. 하만은 잔치로 시작해서 죽음으로 끝납니다. 모든 인생이 이러합니다.
제가 태어났을 때 저희 집에 잔치가 벌어졌었습니다. 그러나 "류 목사님 별세하셨네~" 그 이야기로 끝. 이게 인생입니다. "네가 태어날 때에 너는 응애응애 울었지만 네 주변의 모든 사람은 웃었다. 네가 죽을 때 네 주변의 모든 사람들이 아쉬워 울겠지만 너는 웃으며 네 인생을 마칠 수 있어야 한다." 껄껄대고 웃으며 하나님 앞에 설 수 있어야 한다는 것입니다.
하만은 에스더 3장에서 총리가 되어 역사 무대에 화려하게 등장했습니다. 그러나 본문 7장 마지막 절을 보면 교수형으로 막을 내리게 됩니다. 권력도, 부귀영화도 필요없습니다. 잔치로 시작해서 죽음으로 끝나는 게 인생입니다.
사랑하는 여러분, 우리에게도 끝이 있음을 알고 사십시다. 마지막에 웃는 자가 승리자입니다. 하나님 안에서 죽은 자가 복이 있습니다. 여러분이 당하는 억울한 일, 그치지 않는 고난과 시련이 있습니까? '나는 선을 행했는데 하나님은 침묵하고, 알아주는 사람은 없고, 내 인생은 왜 이런가?' 한탄하는 분이 계십니까? 모르드개는 억울함도, 하나님의 침묵도, 민족적인 시련도 기도로 견뎌 냈습니다.

세계 유일의 분단국가라는 그 억울함도 끝나는 날이 있을 줄로 믿습니다. 휴전선도, 전쟁의 불안과 공포도 끝나는 날이 있을 줄로 믿습니다. 핵의 공포에 시달리던 약소민족의 서러움도 모두 끝나는 날이 있게 될 줄로 믿습니다. 우리가 기도하는 모든 것들이 급히, 속히, 빨리 진행되도록 하나님의 손길로 움직여 달라고, 하나님이 주관해 달라고 하나님 앞에 매달리고 있는 것입니다.

애국자 도산 안창호(安昌浩) 선생이 망명길에 오르면서 남긴 두 편의 시가 있습니다. 최근 문서 곧 애국가가 발견된 문서를 보면, 애국가를 도산 안창호 선생이 쓴 게 아닌가 하는 새로운 학설들이 설득력을 가지고 있습니다. 하나는 "동해물과 백두산이", 곧 애국가! 하나님이 보우하사 우리나라 만세, 또 하나는 "나의 사랑 한반도야"라는 시입니다.

> 간다 간다 나는 간다 너를 두고 나는 간다
> 잠시 뜻을 얻었노라 까물대는 이 시운이
> 나의 등을 내밀어서 너를 떠나게 하니
> 이로부터 여러 해를 너를 보지 못할지나
> 그동안에 나는 오직 너를 위해 일할지니

나 간다고 서러워 마라 나의 사랑 한반도야

'나의 사랑 한반도야, 허리가 잘려진 지 70년이 지났구나. 잘린 허리 부둥켜안고 얼마나 힘들었느냐. 얼마나 아팠느냐. 이제 잘린 허리 풀어 젖히고 일어서서 춤을 추자. 세계 열방 하나님의 기쁜 소식 안고 온 땅을 달려가 보자. 우리의 소원은 통일, 꿈에도 소원은 통일.'

ESTHER

ESTHER

11장 /

기적이 있다

믿음이 있는 곳에

에스더 8 : 1~8

¹ 그날 아하수에로 왕이 유다인의 대적 하만의 집을 왕후 에스더에게 주니라 에스더가 모르드개는 자기에게 어떻게 관계됨을 왕께 아뢰었으므로 모르드개가 왕 앞에 나오니 ² 왕이 하만에게서 거둔 반지를 빼어 모르드개에게 준지라 에스더가 모르드개에게 하만의 집을 관리하게 하니라 ³ 에스더가 다시 왕 앞에서 말씀하며 왕의 발 아래 엎드려 아각 사람 하만이 유다인을 해하려 한 악한 꾀를 제거하기를 울며 구하니 ⁴ 왕이 에스더를 향하여 금 규를 내미는지라 에스더가 일어나 왕 앞에 서서 ⁵ 이르되 왕이 만일 즐거워하시며 내가 왕의 목전에 은혜를 입었고 또 왕이 이 일을 좋게 여기시며 나를 좋게 보실진대 조서를 내리사 아각 사람 함므다다의 아들 하만이 왕의 각 지방에 있는 유다인을 진멸하려고 꾀하고 쓴 조서를 철회하소서 ⁶ 내가 어찌 내 민족이 화 당함을 차마 보며 내 친척의 멸망함을 차마 보리이까 하니 ⁷ 아하수에로 왕이 왕후 에스더와 유다인 모르드개에게 이르되 하만이 유다인을 살해하려 하므로 나무에 매달렸고 내가 그 집을 에스더에게 주었으니 ⁸ 너희는 왕의 명의로 유다인에게 조서

를 뜻대로 쓰고 왕의 반지로 인을 칠지어다 왕의 이름을 쓰고 왕의 반지로 인친 조서는 누구든지 철회할 수 없음이니라 하니라

1.
치유하시는 기적

'성경에 기록된 모든 기적을 있는 그대로 믿을 수 있는가? 성경에 기록된 모든 기적이 오늘날에도 일어나는가? 오늘 나에게도 동일한 기적이 일어날 수 있는가?' 성경을 읽다 말고, 무거운 기도제목을 가슴에 안고 부르짖다 말고, 인생의 중요한 기로에 설 때마다 이런 생각을 하게 됩니다.

신앙인들 가운데에도 하나님께서 온 우주를 창조하신 것은 맞지만 하나님이 친히 만드신 자연질서대로만 세상을 운행하신다고 믿는 사람들이 있습니다. 소위 합리주의자들입니다. 성경에 기록된 모든 것들이 사실임을 믿지만, 성경이 완성된 다음에는 우리 가운데 기적이 일어나지 않는다고 주장하는 은사중단주의자들도 있습니다. 또 기도 좀 한다는 분들은 지나치게 신비, 치유, 기적에만 관심을 가지기도 합니다. 기도하다가 내가 생각했던 그 일들이 아니라 하나님을 만나는, 하나님의 은혜를 덧입는 신비한 경험을 합니다. 그러면 말씀에 집중하고, 은혜를 입은 사람으로서 우리가 어떻게 살아야 할 것인가에 깊은 관심을 가져야 되는데, 점점 더 신비한 일에만 관심을 가지는 신비주의자들이 있습니다. 그러나 합리주의도, 신비주의도 성경적인 생각은 아닙니다. 광신주의자도, 불신주의자도 바른 신앙인이 아닙니다.

한 무신론자가 주일학교에 다녀오는 아이를 놀리려고 "애야, 하나님이 계신다니? 하나님이 어디 계신지 말해 주면 이 사과 하나 줄게." 하고 말했습니다. 똘망똘망하게 생긴 아이가 무신론자를 똑바로 쳐다보면서 말했습니다. "아저씨, 하나님이 계시지 않는 곳이 어딘지 말씀해 주시면 제가 사과 두 개 드릴게요."

요나와 관련된 유머가 있습니다.

비행기에서 한 아이가 요나서를 읽고 있었습니다. 옆자리에 앉은 무신론자가 "애야, 그 요나라는 사람이 물고기 뱃속에 들어갔다 나왔다는 게 사실이니? 너 그걸 그대로 믿니? 어떻게 믿을 수 있겠어? 물고기 뱃속이 이렇게 이렇게 되어 있는데, 어떻게 살 수 있겠니?"라고 묻자, 아이가 대답했습니다. "자세한 것은 제가 천국 가서 요나에게 물어보려고요." 그러자 무신론자가 또 물었습니다. "그 친구가 천국 못 가고 지옥 갔으면 어떻게 하려고?" 아이가 대답했습니다. "그럼 아저씨가 물어보면 되겠네요."

성경 첫 문장에 "태초에 하나님이 천지를 창조하시니라", 곧 창세기 1 : 1을 믿느냐, 믿지 못하느냐 여하에 따라서 신앙인이 되기도 하고 불신앙인이 되기도 합니다. 이 한 절을 믿으면 신구약성경 가운데 믿지 못할 일이 없습니다. 너무 중요합니다.

기적이란 게 우리 피조물 인간에게나 기적이지, 하나님께는 기적일 수 없습니다. 하나님은 자연질서를 통해서도 일하시지만, 자연질서를 무시하는 것이 아니라 자연질서를 초월하면서 일하시는 분입니다. 그래서 전능하신 하나님이 친히 행하시는 모든 것이 우리 인간에게는 기적일 수밖에 없습니다.

신구약성경은 기적으로 가득 차 있습니다. 기적이 아닌 장은 두 장밖에 없습니다. 성경 앞표지, 뒤표지 말고 모두 기적입니다. 예수님을 믿고 기도하는 믿음의 사람들이 기적을 경험합니다. 예수님도 믿고, 말씀도 믿고 기도했는데 기적을 경험한 적이 없다고 한다면, 그게 도리어 놀라운 기적입니다. 흔히 일어나지 않는 기적을 경험하고 있는 것입니다. 하나님은 어제나 오늘이나 동일하게 살아 계시기 때문입니다. 신앙은 기적을 낳습니다. 신앙은 기적의 산모입니다.

고등학생일 때 머리를 빡빡 깎고 다니다가 스무 살이 갓 넘어서 밤송이 털처럼 자란 머리로 신학교에 들어갔습니다. 신학교에 들어갈 당시에 홍해가 갈라진 것이 아니라 갈대숲이 갈라져서 갈대숲 사이로 이스라엘 백성들이 지나갔다고 주장하는 신학자들의 이론에 대해 배웠습니다. 그때, 저는 인생에서 심각한 고민을 하게 되었습니다. 저는 홍해가 갈라져서 이스라엘 백성들이 건너갔다는 것을 믿는 것이 훨씬 더 쉬웠습니다. 따라오던 애굽 군대가 홍해에 빠져 죽었다는 것은 이해가 되지만, 갈대숲에 빠져 죽었다는 것이 잘 믿어지지 않았습니다. 이스라엘 백성들이 갈대숲 사이를 지나가고 난 다음에 애굽 사람들이 갈대숲을 지나가니 넘어진 갈대들이 벌떡벌떡 일어나서 애굽 군대를 모조리 때려 죽였다는 것이 훨씬 더 믿기 어려운 기적이라고 생각하게 된 것입니다.

지금까지 한 번도 신구약성경이나, 하나님이 살아 계시고 오늘 나를 사랑하여 내 발걸음 하나하나와 동행하신다는 이 사실을 의심해 본 적이 없었습니다. 때로는 합리적인 생각을 한다고 해서 성경을 의심해 보기도 하지만, 저는 이상한 믿음이 있어서 의심하고 싶어도 의심이 되지 않았습니다. 하나님은 희한한 믿음을 제게 주셨습니다. 그때 그 결단을 하나님이 기뻐하시지 않았다는 생각을 하게 됩니다.

하나님의 아들 예수께서 이 땅에서 행하신 '3중사역'은 하나님의 말씀을 선포하시는 사역으로 케리그마(Preaching), 하나님 나라 복음을 가르치시는 사역으로 디다케(Teaching), 병든 자를 고치고 이적과 기사와 표적을 행하시는 사역으로 테라페이아(Healing)입니다. 그러므로 예수께서 행하신 치유의 기적 사건을 빼고 복음서를 읽을 수가 없습니다. 예수님의 치유기적 사건은 그분의 가장 중요한 사역 가운데 하나입니다. 복음서를 자세히 읽어 보면 말씀을 선포하신 사건과 천국복음을 가르치신 사건과 이적을 행하신, 병든 자를 고치신 사건이 각각 3분의 1씩 균형을 이루고 있다는 사실에 놀라지 않을 수 없습니다.

예수님의 치유사역은 당신이 만든 자연질서에 괜히 끼어들어서 그 질서를 무너뜨리는 사건이 아니라, 과연 이분은 하나님의 아들로서 자연을 초월하시는 전지전능하신 하나님의 본성을 가지신 분임을 가르쳐 줍니다. 치유의 기적은 사람들을 깜짝 놀라게 하려는 이벤트가 아니라, 하나님이 우리를 너무나도 사랑하시고 긍휼이 많으신 분이라는 그분의 본성, 본질을 가르쳐 주는 것입니다. 예수님의 치유기적은 우연히 일어난 사건이 아니라, 하나님의 백성들로 하여금 하나님을 믿어 구원받기 원하시는 그분의 사랑의 본성, 본질을 보여 주는 사건입니다.

우리말 성경에는 이적, 표적, 기적, 기사, 능력 등의 다양한 단어로 번역되어 있습니다. 원문이나 영어성경에도 miracles, signs, wonders, powers 등의 다양한 말로 표현되어 있습니다. 실제로 원문에 있는 한 단어가 우리말로 번역될 때는 문맥에 따라 다른 말로 번역되기도 하고, 다른 원문이 같은 단어로 번역되기도 합니다. 그러므로 우리는 이적, 표적, 기적, 기사, 능력을 모두 하나님이 행하시는 놀라운 일들로 이해하면 됩니다. 미세한 차이나 분석은 신학자들에게 맡겨 놓으면 됩니다.

기적은 하나님의 임재사건입니다. 저는 임재를 기다리기 위해서 "♪ 주님의 성령 지금 이곳에 임하소서 임하소서" 찬양을 합니다. 주님의 임재가 느껴질 때까지 찬송을 부를 때가 있습니다. 기적은 성령의 능력이 이곳에 임하는 사건입니다. 우리의 기도를 통하여 이곳에 성령님이 임하셔서 친히 역사해 달라고 하나님께 간구하게 되는 것입니다. 기적은 하나님의 나라가 이곳에 임하는 사건입니다. 하나님은 어제나 오늘이나 동일하게 살아 계셔서 그분이 임하시는 곳에 그분의 나라가 임하는 것입니다.

2.
최고의 기적은 나다

한 번은 치킨을 사서 공원 나무 그늘 밑에 앉아서 먹고 있었습니다. 개미들이 새까맣게 다닙니다. 제 마음에 아버지의 마음이 작동하기 시작하니 개미들을 불쌍히 여기는 마음이 꿈틀거리기 시작했습니다. 그래서 치킨을 조금 찢어 개미 떼 앞에 두었습니다. 지나가던 개미들이 일제히 몰려들어서 함께 물고 어디론가 가고 있었습니다. 짓궂은 생각이 들어서 무거운 돌멩이로 치킨을 눌러 두었습니다. 개미들이 죽어라고 당기지만 당겨지지 않습니다. 다시 불쌍히 여기는 마음이 들어 돌멩이를 치워 주었습니다. 제가 치킨을 다 먹었을 무렵에는 개미들이 어디론가 치킨 조각을 물고 가서 없었습니다. 모르긴 하지만 자기 집에 가서 예배드리고 간증하고 있었을 것입니다. "어느 날 우리가 늘 다니던 길목으로 가는데 하늘에서 전지전능하신 하나님이 이따 만한 고기를 내려 주셔서 그걸 끌고 가는데, 어떤 마귀 새끼가 나타나서 이걸 꽉 누르고 있지 않았겠느냐? 우리가 매달려서 기도했더니 무거운 바위가 사라져서 우리가 쉽게 이곳으로 물고 왔다. 하나님을 찬양합니다!"

지금으로부터 약 백 년이나 이백 년, 삼백 년 전쯤 누군가 우리가 살고 있는 사회를 보았다고 하면 그때 그들은 무엇을 느꼈을까요? 길거리를 다니면서 이상한 물건을 끄집어내더니 혼자 중얼중얼거리며 돌아다닙니다. 누군가와 이야기를 하고 있는 것 같습니다. 로켓

이 왔다 갔다 합니다. 점보 비행기가 580명을 태우고 무거운 짐까지 가득 실어 하늘을 나는 것을 볼 때 그들은 무엇을 느꼈을까요? 드론이 혼자서 하늘을 날고 있을 때 기절했을 것이고, 틀림없이 동리 구석구석 방이 붙었을 것입니다. 간밤에 이상한 귀신들이 나타났으니 조심하라고요. 그뿐이겠습니까? 오늘 우리는 어떻습니까? 우주의 운행들이나 인체의 신비를 말하지 않아도, 인간이 아무리 기술이 뛰어나도 잠자리 눈 하나조차 만들 수 없습니다. 나비의 펄럭거림조차도 인간에게는 신비요, 기적일 수밖에 없습니다.

우리가 이해하지 못하는 이상한 세계에서 일어나는 일들을 성경에서 말하는 기적사건과 같은 것이라고 말할 수 없습니다. 믿음과 관계없이 일어나는 일들도 있습니다. 소가 닭을 낳았다든지, 고양이가 오리 알을 낳았다고 하더라도 그것을 기적사건으로 분류하지는 않습니다.

예수님은 보여 주기 식으로 놀라운 일들을 행하시는 분이 아닙니다. 성경이 기적이라고 말하는 것은 살아 계신 하나님을 드러내는 사건입니다. 우리 하나님은 어제나 오늘이나 동일하게 살아 계십니다. 성경의 기적사건은 그분의 사랑이 얼마나 큰지, 졸지도 아니하시고 주무시지도 아니하시고 우리가 부르짖을 때 임하셔서 우리를 대신해서 역사하신다는 사랑을 드러내는 사건인 것입니다. 성경의 기석은 예수님이 하나님의 아들이요, 구세주이심을 믿게 하는 사건입니다.

그래서 기적은 신앙사건입니다. 기적은 하나님의 임재사건입니다. 하나님이 계신 곳에, 믿음이 있는 곳에 기적이 있습니다. 하나님이 계신 곳에, 하나님이 임하시는 곳에서 오늘도 기적이 일어납니다. 믿음이 있는 곳에서 기적이 일어납니다.

예수님이 부자와 나사로의 이야기를 말씀하시며 "믿음이 없는 자는 죽은 자가 살아 돌아와 말을 하여도 믿지 않는다."고 말씀하셨습니다. 믿음이 없으면 보이지 않는 것입니다. 그러므로 신학자들이 공통적으로 하는 고백이 있습니다.

"기적 중에 최고의 기적은 내가 구원받았다는 것이다. 죄인이 의인된 것이다. 내가 하나님의 자녀가 되었다는 것이 기적이다. 오늘이 내 인생의 마지막 날이라도 내 영혼이 천국에서 눈을 뜬다는 이 사실이다. 성령님이 내 안에 계시고 하나님이 우리와 함께하신다는 무한이 유한 속에, 영원이 시간 속에 임하는 이 사건이 기적이다."

멀리서 기적을 찾지 않아도 저는 간밤에 이 사건들을 끊임없이 묵상하면서 하나님 앞에 감사할 수밖에 없었습니다. 제가 살아온 길을 뒤돌아보니 제 삶의 여정 가운데 순간순간이 모두 기적이었습니다. 이제는 내가 산 것이 아니요, 오직 내 안에 그리스도께서 사신 것이고, 내가 구원받고 하나님의 자녀가 된 것이 기적입니다. 더더구나 복음을 전하는 목사가 된 것이 기적이고, 한소망교회를 내 눈으로 보고 살아간다는 것이 기적일 수밖에 없습니다. 열 명도 안 되는 시골교회에서 자란 어린아이가 이런 모습을 보게 될 거라고는 상상도 못했습니다. 저는 교회 부흥에 대한 깊은 관심을 가지고 있었지만 한소망교회 만한 교회를 머릿속에 상상해 본 적이 없습니다. 그런데 하나님께서 그것을 보고 살 수 있도록 은혜를 주신 것입니다.

저 또한 행복한 예배를 늘 꿈꾸고 살았지만, 때로는 성도들이 주님의 임재 속에 젖어들어 찬양하는 모습을 단 위에서 보면서, 또 누가 건들기만 해도 쓰러질 것 같은 강력한 임재에 젖어 예배하는 모습을 보면서 감동하게 됩니다. '아~ 이런 예배를 내가 드릴 수 있다니……' 저는 꿈에도 상상할 수 없었던 기적입니다. '내 모든 것이 기적이구나.' 생각하게 됩니다.

3.
모르드개가 총리가 되다

에스더서에서 일어난 모든 일들이 기적이었습니다. 일찍이 하나님께서는 사울 왕에게 두고두고 악의 씨앗이 될 수 있으니 아말렉을 진멸하라고 명하셨습니다. 그런데 사울의 불순종으로 살아남은 왕족 중 하나가 하만입니다. 모르드개는 사울 왕의 후손입니다. 이 두 왕족이 원수가 외나무다리에서 만나듯 이방 땅 페르시아에서 만난 것입니다.

득세한 쪽은 아말렉이었습니다. 하만이 모든 권력을 손에 쥐고, 모르드개와 유대인을 진멸할 계획을 성공리에 세웁니다. 시간이 지나면 유대인과 모르드개는 모두 죽게 되어 있습니다. 바로 이때 모르드개와 에스더 그리고 모든 유대인이 베옷을 입고 금식하며 통성기도를 합니다. 하나님께서는 속히, 급히, 빨리 움직이시기 시작합니다. 왕의 잠을 깨우십니다. 하만을 죽음으로 몰아가십니다. 그리고 에스더에게 용기와 결단을 주십니다. "죽으면 죽으리라!" 왕에게 나아가 하만의 음모를 알립니다. "내 생명을 내게 주십시오. 내가 왕에게 은혜를 입었으면, 나를 선히 여기시면 내 생명을 내게 주십시오. 내 민족을 내게 주십시오."

기도는 엄청난 역전드라마로 이어집니다. 모르드개를 매달기 위해 세운 23m 높이 장대 위에 하만이 매달려 죽습니다. 어찌 이런 역전드라마가 펼쳐질 수 있었을까요? 이 모든 사건이 기적이 아니고 무엇입니까? 포로의 딸이던 에스더가 지배국의 왕후가 된 이 일이 기적이 아니고 무엇입니까? 죽음 일보 직전에서 유대인이 구원받은 이 사건이 기적이 아니고 무엇입니까? 에스더서 본문은 이 역사적인 기적을 만드는 통로로 기도를 들고 있습니다. 금식기도를 들고 있습니다. "기도[와 금식] 외에는 이런 기적을 낳을 수 없느니라." 기도하는 이 자리에 민족적인 기적이 일어나게 될 것입니다. 교회적인 기적이 일어나게 될 것입니다. 가정적인 기적이 일어나게 될 것입니다. 신앙사에서 경험하지 못했던 기적이 일어나게 될 것입니다. 믿음이 있는 곳에, 하나님의 임재가 있는 곳에, 기도가 있는 곳에 이적과 기사와 표적이 지금도 일어나고 있습니다. 반드시 일어납니다.

7장 마지막 절에 "모르드개를 매달려고 한 나무에 하만을 다니"(에 7:10)라고 나와 있습니다. 그리고 8장의 문이 열리면 에스더는 왕에게 자신의 부모가 100년 전에 이곳에 포로로 끌려와 죽은 것과 고아가 된 자신을 사촌오빠 모르드개가 돌보아 주었음을 이야기합니다. 자신이 유대인이라는 사실을 고백합니다. 그러자 왕은 하만에게 위임해 주었던 왕의 인장반지를 빼앗아 모르드개의 손에 끼워 줍니다. 모르드개가 총리가 됩니다. 그리고 하만의 모든 식솔들, 재산, 권력 등 모든 것을 에스더에게 맡기고, 에스더는 그 처리를 모르드개에게 맡깁니다. 포로의 아들, 딸이 지배국의 총리가 되고 왕후가 된 것입니다. 어찌 이런 일이 있을 수 있겠습니까? 진멸당할 위기에서 갑자기 천하를 호령하는 페르시아의 총리 민족이 된다? 왕후의 민족이 된다? 어찌 이런 일이 있을 수 있느냐는 것입니다.

이방 땅에 끌려와 포로가 되고 노예가 되었다가 총리가 된 사람이 성경에 세 명 나오는데, 요셉과 다니엘, 모르드개입니다. 너무나 잘 아는 요셉 사건, 사자 굴속에서 살아난 다니엘 사건, 죽음 일보 직전에 하루아침에 총리로 신분이 바뀐 모르드개 사건, 이 모두는 하나님이 간섭하지 않으셨다면, 하나님의 은혜와 사랑이 아니었다면, 초월적인 기적이 아니었다면 불가능했을 것입니다. 이런 하나님의 은혜를 기억하기 위해서 자녀의 이름을 '요셉'이라고 짓는 사람이 많은가 봅니다.

4.
왕의 세 가지 조서

모르드개가 아하수에로 왕의 처남이 되고, 왕의 반지를 손가락에 끼고 천하를 호령하고 있는 이 모습은 있을 수 없는 일입니다. 하나님은 예수를 그리스도로 믿는 우리에게 하나님의 자녀가 되는 권세의 반지를 허락해 주셨습니다. 우리 주님은 모여서 기도하는 이 모임, 기도의 자리, 교회에 아하수에로 왕이 모르드개에게 준 인장반지 정도가 아니라, 어마어마한 반지를 주셨습니다. "내가 천국 열쇠를 네게 주리니 네가 땅에서 무엇이든지 매면 하늘에서도 매일 것이요 네가 땅에서 무엇이든지 풀면 하늘에서도 풀리리라"(마 16:19) 하시며, 권세의 반지를 우리에게 맡기셨다는 말입니다. "내가 천국 열쇠를 네게 맡기노라. 나라의 명운을 푸는 천국 열쇠를 너희 교회에 맡기노라. 이 새벽기도 재단에 맡기노라." 복음을 전할 때 이 어마어마한 일들이 우리 가운데 일어나게 되는 것입니다.

찰스 크래프트(Charles H. Kraft)의 『신자가 소유한 놀라운 권세』라는 책이 있습니다. 하나님께서 우리에게 맡겨 주신 모든 기도와 믿음, 치유, 세상을 섬기는 권세를 불순종함으로 인해 마귀에게 빼앗겼으나, 예수님께서 이 땅에 오셔서 십자가 위에서 흘리신 보혈의 피로 말미암아 마귀의 권세를 박살내게 됩니다. "땅 끝까지 나아가서 복음을 전해라. 모든 권세를 내가 빼앗았다. 너희에게 준다." 그렇게 복음이 전해지는 곳에는 기적이 일어납니다. 우리나라에서 파송한 선교사님들이 오지에 가서 복음을 전하면 그곳에서 엄청난 일이 일어납니다. 복음이 전해지는 곳이 어디든 그곳에 기적이 일어나게 되는 것입니다.

에스더서에 보면 왕의 세 가지 조서가 나옵니다. 첫 번째는 왕후 와스디를 폐위시키는 조서입니다. 이 조서를 통하여 에스더가 왕후가 되었습니다. 하나님의 자녀들에게 역전드라마와 같습니다. 두 번째는 유대인을 진멸하라는 하만이 내린 조서가 있었습니다. 이 조서로 말미암아 하만은 자신의 목이 달아나게 되었습니다. 재미있는 사실은 한 번 내린 왕의 조서는 취소할 수 없다는 것입니다. 그래서 에스더가 걱정하는 것입니다. "조서가 이미 내려졌는데 어떡합니까?", "너희들이 마음대로 써 봐라. 이미 너희들에게 인장반지를 맡기지 않았느냐? 왕의 어인을 맡기지 않았느냐?" 그렇게 모르드개와 에스더는 유대인을 살려 내는 세 번째 조서를 온 페르시아 왕국에 공포하게 되었습니다. 한 번 내린 왕의 조서는 폐지되지 않기 때문에 상호 모순된 조서 하나가 다시 선포된 것입니다. "유대인을 살려라." 어찌 이런 일이 가능하냐는 것입니다. 유대인을 죽이라는 조서도 유효합니다. 유대인을 살리라는 조서도 유효합니다.

"선악을 알게 하는 나무의 열매는 먹지 말라 네가 먹는 날에는 반드시 죽으리라"(창 2 : 17).
"모든 사람이 죄를 범하였으매 하나님의 영광에 이르지 못하더니"(롬 3 : 23).

두 말씀이 모두 유효합니다. 죄를 지으면 죽는다는 이 조서도 유효합니다. 예수 그리스도를 믿는 자는 구원을 받는다, 하나님의 백성들을 살리라는 이 조서도 유효합니다. 어떻게 이런 일이 가능합니까? 이것은 불가능한 일입니다. 그러나 하나님께서 친히 독생자를 이 땅에 보내시고, 예수님께서 우리를 대신하여 모든 저주와 죽음을 십자가 위에서 친히 담당하셨습니다. 대속의 죽음이었습니다. 그리고 그를 믿는 모든 자는 영생을 얻었고, 하나님의 자녀가 되는 권세를 얻었고, 구원을 얻었고, 의인이 되었습니다. 믿음으로 영생을 얻었고(요 5 : 24), 하나님의 자녀가 되는 권세를 받았으니(요 1 : 12), 구원을 주시는 하나님의 능력(롬 1 : 16)으로 이 모순이, 십자가 위에서 모든 문제가 끝난 것입니다. 이것이 기적이라는 것입니다.

그래서 세상에 기적이 많고 많지만 내가 구원받은 기적이 최고의 기적이라는 것입니다. 죄인이 의인 된 기적이 최고의 기적이라는 것입니다. 지옥에 갈 수밖에 없던 백성이 천국의 백성이 된 것이 기적이라는 것입니다. 하루아침에 모르드개가 목이 달아날 절체절명의 위기에서 총리가 된 것이 하나님의 간섭하심이 아니고서는 있을 수 없는 기적사건이라는 것입니다.

새벽마다 부르짖는 우리의 구국기도가 모르드개의 기도가 되고, 에스더의 기도가 되고, 온 유대 백성의 기도가 되어서 이 민족이 걸어가는 길에 문이 열리는 첫걸음이 되기를 원합니다. 우리가 부르짖어 기도하는 이 기도가 기적을 가져올 것입니다. 우리가 생각하기에 이번 사건이 기대되는 것만큼 불안하기도 합니다. 잘못된 길로 갈 수도 있을 것입니다. 우리의 능력으로는 불가능합니다. 그러나 우리가 기도함으로 한반도의 운명을 하나님의 손에 맡기면 불가능해 보이는 이 일들이 반드시 가능한 역사가 됩니다.

이 민족을 묶고 있는 분단의 올가미가 풀어지게 될 줄로 믿습니다. "이 민족을 묶고 있는 휴전선 올가미, 핵의 올가미, 전쟁의 올가미가 풀어질지어다. 떠나갈지어다." 이 민족 전체를 진멸시킬 수 있는 원자핵이 하루아침에 평화의 함성으로 전 세계를 진동케 하기를 원합니다. 전쟁의 악마가 이 땅을 떠나가기를 원합니다. 하나님께서 속히 일어나 급히 일하시기를 기도합니다. 빨리 역사를 이루어 주시기를 기도합니다. 하나님이 역사하시지 않으면 더 큰 위기로 치달을 수밖에 없습니다. 그러나 하나님이 역사하시면 우리가 기대했던 일보다 더 엄청난 일들이 역전드라마처럼 펼쳐지게 될 것입니다. 하나님께서 아하수에로 왕을 움직이셨듯이 미국의 트럼프를 움직이시고, 북녘 땅에 있는 김정은을 움직이시고, 주변 강대국들을 움직이시고, 대통령님에게 지혜를 주시길 기도합니다. 협상을 만들어 내는 당국자들에게 하나님께서 임재하셔서 우리가 기도하는 이 모든 일들이 이뤄지기를 간절히 소망합니다. 하나님의 간섭이 일어나길 기대합니다. "올가미는 풀어질지어다. 불안과 공포와 염려는 떠나갈지어다." 우리 교회, 가정이 염려하는 모든 일들 가운데 하나님의 간섭하심으로 말미암아 하나님의 이적과 기사와 표적과 능력이 임하게 될 것입니다.

ESTHER

12장 /

왕의 반지를 가진 사람들

에스더 8 : 9~17

⁹ 그때 시완월 곧 삼월 이십삼일에 왕의 서기관이 소집되고 모르드개가 시키는 대로 조서를 써서 인도로부터 구스까지의 백이십칠 지방 유다인과 대신과 지방관과 관원에게 전할새 각 지방의 문자와 각 민족의 언어와 유다인의 문자와 언어로 쓰되 ¹⁰ 아하수에로 왕의 명의로 쓰고 왕의 반지로 인을 치고 그 조서를 역졸들에게 부쳐 전하게 하니 그들은 왕궁에서 길러서 왕의 일에 쓰는 준마를 타는 자들이라 ¹¹ 조서에는 왕이 여러 고을에 있는 유다인에게 허락하여 그들이 함께 모여 스스로 생명을 보호하여 각 지방의 백성 중 세력을 가지고 그들을 치려 하는 자들과 그들의 처자를 죽이고 도륙하고 진멸하고 그 재산을 탈취하게 하되 ¹² 아하수에로 왕의 각 지방에서 아달월 곧 십이월 십삼일 하루 동안에 하게 하였고 ¹³ 이 조서 초본을 각 지방에 전하고 각 민족에게 반포하고 유다인들에게 준비하였다가 그날에 대적에게 원수를 갚게 한지라 ¹⁴ 왕의 어명이 매우 급하매 역졸이 왕의 일에 쓰는 준마를 타고 빨리 나가고 그 조서가 도성 수산에도 반포되니라 ¹⁵ 모르드개가 푸르고 흰 조복을 입고 큰 금관을 쓰고 자

색 가는 베 겉옷을 입고 왕 앞에서 나오니 수산 성이 즐거이 부르며 기뻐하고 16 유다인에게는 영광과 즐거움과 기쁨과 존귀함이 있는지라 17 왕의 어명이 이르는 각 지방, 각 읍에서 유다인들이 즐기고 기뻐하여 잔치를 베풀고 그날을 명절로 삼으니 본토 백성이 유다인을 두려워하여 유다인 되는 자가 많더라

1.
70일 만에 역전되리라

어떤 할아버지, 할머니가 혼자서 외출을 할 때 한 분이 나가시면서 돌아서서 "까불지 말라!" 그러면, 남아 계신 분이 "까불지 말라!" 하고 따라 한다고 합니다. '까'는 가스 불 조심하라는 말이고, '불'은 불 조심하라는 말이고, '지'는 지진 나면 잘 숨으라는 말이랍니다. 그리고 '말'은 말 조심하라는 말로 노인정 가서 싸우지 말라는 것이고, 마지막 '라'는 굶지 말고 라면이라도 끓여 먹으라는 말이라고 합니다.

이 세상을 살면서 우리의 힘, 우리의 능력, 우리가 가진 자원만으로는 살 수 없습니다. 하나님이 주신 권세가 있어야 합니다. 이 본문은 하나님의 권세를 가지고 살아가는 사람이 얼마나 근사한가에 대해 가르쳐 줍니다.

지미라는 분이 하나님 나라로 인도받았습니다. 천사의 안내를 받아

앞으로 살아가게 될 하나님 나라 구석구석을 구경하고 다녔습니다. 다니다 보니 자기 이름으로 되어 있는 크고 근사하게 생긴 창고가 있었습니다. 그는 자기 이름으로 되어 있는 창고에 들어가 보고 싶다고 말했습니다. 천사가 그냥 지나가자고 말합니다. 더 궁금해서 천사를 졸라서 문을 열고 들어가 봤더니 세상에서 가지고 싶었던 것들, 누리고 싶었던 것들, 애써서 얻으려고 몸부림쳤던 것들이 꽉 차 있었습니다. 그는 천사에게 물었습니다. "왜 내 이름으로 가득 차 있습니까?" 그러자 천사가 말했습니다. "당신이 저 세상에 있을 때 이 모든 것을 가져갈 수 있는 권세와 권한, 권능이 있었는데 당신이 쓸 줄 몰라서 쌓여 있습니다."

어떻게 창고를 열 수 있습니까? 하나님이 당신에게 주신 권세, 권능이 있습니다. 예수 이름의 권세, 하나님의 자녀 된 권세, 성령의 권능, 기도의 권세는 사용하지 않고, 또 기도해도 권세를 쓰지 않고 징징대며 걱정만 하고 있기 때문에 징징거리는 창고는 다 없어지고, 권세가 쌓여 있는 창고만 그대로 남아 있다고 합니다. 하나님의 자녀 된 권세, 권능이 우리에게 있습니다. 우리에게 맡겨 놓은 왕의 반지가 있다는 것입니다. 이 반지를 통해서 우리의 권세와 권능을 누리며 살아갈 수 있다는 것입니다.

하만이 모르드개를 처형하기 위해 세워 둔 나무에 하만 자신이 매달려 죽었습니다. 왕후 에스더는 왕 앞에 모르드개와 자신의 관계를 설명한 것 같습니다. 고아가 된 자신을 딸처럼 얼마나 잘 양육해 주었는지 간증했더니 왕이 눈물을 글썽이면서 왕의 반지를 모르드개에게 줍니다. 모르드개가 총리대신이 된 것입니다.

우리 인간은 에덴동산에서 하나님께 온 세상을 다스리고 섬기는 권능을 받았습니다. 그런데 선악과를 따 먹음으로 인해 그 권능을 빼앗겼습니다. 하지만 예수님께서 십자가에 달려 돌아가시면서 피 흘림으로 마귀의 권세를 부서뜨리셨습니다. 그리고 모든 권세를 빼앗으셨습니다. 하늘과 땅의 모든 권세를 빼앗아 우리에게 주신 것입니다. "너는 하나님의 자녀 된 권세를 누려라. 땅 끝까지 복음을 전하면서 살아라. 내가 너에게 맡긴다." 하나님의 자녀들은 이 모르드개처럼 왕의 반지를 받은 사람들이라는 것입니다. 하만이 가지고 있던 왕의 반지가 그 교수대에 매달리기로 되어 있던 모르드개에게 전해졌습니다. 이 얼마나 근사한 역전드라마입니까?

하만은 죽었지만 온 나라 127개 도에 공포한 어명은 유효했습니다. 취소될 수 없는 왕의 명령입니다. 왕이 에스더와 모르드개에게 지혜를 줍니다. 유대인을 살릴 수 있는 조서를 뜻대로 잘 써서 왕의 반지 어인을 찍어 어명을 온 나라에 공포하라는 것입니다.

모르드개가 쓴 조서는 하만이 썼던 악한 조서와는 분명한 차이가 있었습니다.

첫째, 유대인들은 함께 모여 스스로의 생명을 보호하라는 내용입니다. 여기서 "함께 모여"는 히브리어로 '카할'(kahal, קהל)인데, 구약의 교회를 지칭하는 말입니다. 교회는 부름 받은 사람들의 모임입니다. 하나님께서 불러 주신 사람들이 함께 모이는 것을 '카할' 또는 '에클레시아'(ἐκκλησία)로 사용하고 있습니다. 본문 에스더서의 이 교회론은 구약에서 중요합니다. 이것은 하나님의 군대 곧 악을 대적하는 하나님의 군대로서의 교회를 말합니다. 사탄의 악한 공격으로부터 생명을 지키기 위해 모두 함께 모이라고 말하는 것입니다. 이 세상을 무찌를 수 있는 무기를 많이 주어서 하나님의 나라를 지키도록 한 모임을 '카할'이라는 단어로 표현하고 있습니다.

둘째, 하나님의 백성을 치겠다고 덤비는 자들이 있으면 그들의 처자와 함께 죽이고, 도륙하고, 진멸하고, 그 재산을 탈취해도 좋다는 것입니다. 그 내용은 하만의 조서 내용과 같습니다만, 다만 공격해 오는 자들에 한하여 그대로 대적하고 갚아 주라는 것입니다. 하만은 유대인이면 무조건 죽이고 도륙하고 진멸하고 재산을 탈취하라고 했지만, 모르드개는 하나님의 백성을 공격하는 자들만 죽이라고 말합니다.

셋째, 이런 일을 할 수 있는 날은 12월 13일 하루 동안이라고 제한하고 있습니다. 하만이 어명을 공포한 날과 모르드개가 어명을 공포한 날의 기간을 세어 보아야 합니다. 에스더 3 : 12에서 "첫째 달 십삼 일에" 하만이 죽음의 조서를 공포했는데, 이날이 1월 13일입니다. 그리고 에스더 8 : 9에서 "그때 시완월 곧 삼 월 이십삼 일에" 모르드개가 살리는 조서를 공포하였는데, 이날은 3월 23일입니다. 즉, 70일 만에 유대인을 진멸하라는 조서가 유대인의 생명을 보호하고 아말렉을 진멸하라는 조서로 바뀌어졌습니다. '7'은 완전 숫자입니다. 그리고 '10'은 충만의 숫자입니다. 완전과 충만이 곱해져서 은혜의 숫자가 되는 것입니다. 바벨론에서 70년 만에 돌아오게 된다고 하셨고, 다니엘은 70이레로 환상을 보지 않았습니까? 에스더서에도 70일 만에 모든 것이 역전되는 이날이 은혜의 날로 기록되어지는 것을 볼 수 있습니다. 은혜의 때를 잘 지키라는 것입니다. 하나님의 때를 놓치지 말고 꽉 붙잡으라는 것입니다.

2.
구원의 잔치

하나님의 백성을 살리라는 기쁜 소식, 복음은 신속히 전해져야 했습니다. 준마를 타는 역졸들의 손에 자기 언어로 기록된 왕의 어명, 기쁜 소식의 조서가 들려 아하수에로 통치하에 있던 127개 도에 반포되었습니다.

> "왕의 어명이 매우 급하매 역졸이 왕의 일에 쓰는 준마를 타고 빨리 나가고"(에 8 : 14).

기쁜 소식을 전하는 것이 선교입니다. 저들은 선교사들입니다. 기쁜 소식을 전하는 마라토너는 쓰러질 때까지 달려가야 합니다.
이 기쁨을 나누기 위해 모르드개는 복장을 갖추고 나타납니다. "이미 이겼다! 이미 구원받았다!" 승리자의 당당함을 드러내기 위해서 의관을 정제하고 나타납니다. 그는 왕이 입는 푸른색, 흰색의 예복을 입었습니다. 왕이나 쓰는 큰 금관을 썼습니다. 고운 모시로 짠 붉은 망토를 입었습니다. 총리의 복장을 넘어서는 왕의 특별한 선물인 예복을 입었습니다. "왕이 내게 이런 존귀를 주었다! 이미 우리는 승리했다!" 승리자의 당당함을 온 백성들에게 드러내는 것입니다. 왕의 조서가 도착한 곳곳마다 유대인들은 기쁨의 잔치를 벌였습니다. 이미 승리했다는 구원의 축제입니다.
어제까지만 해도 모르드개는 위축되어 있었습니다. '하나님께만 경배하기 위해 총리에게 절하지 않으며 신앙의 절개를 지킨 내 행동이 정말 잘한 것인가? 나의 강직한 태도 때문에 종족을 모두 죽이는 것은 아닌가?' 하는 의구심을 갖기도 했을 것입니다. 그래서 그는 옷을 찢고 굵은 베옷을 입고 머리에는 재를 뒤집어쓰고 통곡하며 금식기도했던 것입니다. 그러나 이제는 그 찢어진 옷, 베옷을 벗어 던지고 이처럼 화려하고 황홀한 옷을 입게 되었습니다. 영광의 옷, 존귀한 옷을 입고 영광의 면류관을 썼습니다.

> ♬ 재 대신 화관을 내게
> 슬픔 대신 희락을
> 근심 대신 찬송의 옷을 입히사

"주께서 나의 슬픔이 변하여 내게 춤이 되게 하시며 나의 베옷을 벗기고 기쁨으로 띠 띠우셨나이다"(시 30 : 11).

슬픔의 눈물이 변하여 기쁨의 춤이 되었고, 하나님께서 베옷을 벗기고 기쁨의 관을 씌우셨습니다.
  하만에게 짓밟히고 조롱받던 모르드개가 일인지하 만인지상 총리가 되었습니다. 모르드개를 높이신 하나님은 구원받은 우리에게 반지를 끼워 왕의 자녀로 높이셨습니다. 세상에서 버림받고 이 사람, 저 사람에게 짓밟히고 조롱받던 우리가 하나님의 자녀가 되어서 의의 옷을 입고 존귀의 관을 쓰고 이 세상을 살아가게 된 것입니다. 우리에게는 왕 되신 우리 주 예수 그리스도의 반지가 있습니다. 보혈로 깨끗해진 세마포 옷이 있습니다. 구원의 망토가 있습니다. 탕자 같은 우리가 하나님 앞에 돌아왔다는 한 가지 사실 때문에 우리는 왕의 반지를 가지고 살아가는 사람이 되었습니다. 구원의 면류관을 쓰고 살아가는 사람들이 된 것입니다.

교회에는 이런 축제가 있어야 됩니다. 이런 기쁨과 당당함이 있어야 한다는 것입니다. 지금으로부터 30년 전 전도사 때 했던 설교가 있습니다. 목사가 된 후에 그것을 정리해서 첫 번째로 출간한 책의 제목이 『축제가 있는 교회』(글로리아출판사)입니다. 서문에 이렇게 썼습니다.

"복음은 축하의 잔치에 참여하는 것이다. '축제가 있는 교회'란 하나님께서 나 같은 죄인을 찾아 구원하시고 하늘에서 기뻐하는 그 축제에 동참하고 감격해 할 줄 아는 교회를 말한다. 이 축제의 근거는 하나님이 자기 백성을 구원하시기 위해 힘 있게 일해 오시는 구원의 역사를 기뻐하고 축하하는 데 있다.
잃은 양을 찾았을 때 거기 잔치가 있었고, 잃은 아들이 돌아왔을 때 아버지는 송아지를 잡고 잔치를 벌였다. 초대교회는 축제가 있는 교회에 모였으며 모일 때마다 떡을 나누고 순전한 마음으로 사랑을 나누었다.

이런 점에서 주일은 축제의 날이다. 신부가 신랑을 만나는 날이요, 말씀의 떡을 즐기는 날이요, 죽은 심령이 살아나는 부활의 날이다."

축제 가운데에서도 최고의 잔치는 잃어버린 영혼이 돌아와 구원받은 구원잔치입니다. 교회의 최고의 감격은 사람들이 몰려와 하나님께서 구원해 주셨음을 기뻐하는 것입니다. 교회에 대한 해석이 여기에 있습니다. 하나님의 몸 된 교회는 이런 기쁨이 있어야 합니다. 행복이 있어야 합니다. 잔치가 있어야 한다는 것입니다.

유대인들에게는 하만의 손에서 구원받은 부림절 잔치가 있습니다. 한민족에게는 일제치하에서 해방된 광복절 잔치가 있습니다. 우리에게도 마귀의 손에서 구원받아 하나님의 자녀가 되었다는 자기 잔치의 날이 있어야 합니다. 우리 모두에게 부림절이 있어야 한다는 것입니다.

우리가 80~90년 전에 살았던 우리의 할아버지나 우리의 어버이라고 생각해 보세요. 어떻게 우리가 살고 있을까요? 단 하루라도 해방된 기쁨을 보고 죽었으면 좋겠다는 것이 그들의 꿈이었습니다. 단 하루만이라도.

일제치하의 시인 심훈(沈熏)은 "단 하루라도 내가 해방 날을 볼 수 있다면, 해방의 소식을 들을 수 있다면……." 하는 간절한 마음을 담아 "그날이 오면"이란 시를 썼습니다. 그는 3.1운동에 참여하였다는 이유로 감옥에 갇혔습니다. 그는 고문을 당할 때마다 시를 써 두었습니다. 그의 유고집 『그날이 오면』에 "그날이 오면"이란 시가 있습니다. 너무 혹독한 고문을 당하다 보니 그의 시가 독해졌습니다.

그날이 오면

-심 훈

그날이 오면, 그날이 오면

삼각산(三角山)이 일어나 더덩실 춤이라도 추고,

한강(漢江) 물이 뒤집혀 용솟음칠 그날이

이 목숨 끊기기 전에 와 주기만 할 양이면,

나는 밤하늘을 나는 까마귀와 같이

종로(鐘路)의 인경(人磬)을 머리로 들이받아 울리오리다.

두개골이 깨어져 산산조각이 나도

기뻐서 죽사오매 오히려 무슨 한(限)이 남으오리까

그날이 와서, 오오, 그날이 와서

육조(六曹) 앞 넓은 길을 울며 뛰며 뒹굴어도

그래도 넘치는 기쁨에 가슴이 미어질 듯하거든

드는 칼로 이 몸의 가죽이라도 벗겨서

커다란 북을 만들어 들쳐 메고는

여러분의 행렬(行列)에 앞장을 서오리다.

우렁찬 그 소리를 한 번이라도 듣기만 하면,

그 자리에 거꾸러져도 눈을 감겠소이다.

저는 어릴 때 할머니로부터 아버지가 참전했던 6.25전쟁 이야기를 많이 들었습니다. 그래서인지 어른이 되어서도 간혹 전쟁하는 꿈을 꾸었습니다. 그리고 장교 훈련을 받으면서 '전쟁이 일어나서는 안 되겠구나.' 하는 생각을 했습니다. 그러면서 내 자식들에게는 내 손주에게만은 이런 전쟁의 공포가 없는, 전쟁에 대한 두려움에 시달리지 않는 평화의 나라, 통일된 나라, 행복한 한반도를 물려주어야 되겠다는 생각을 하게 되었습니다. 애국자의 심장입니다. 이 시의 내용을 보면 한반도에 평화가 온다면 이 몸이 북이 되어서, 북채가 없다면 내 두개골로 북을 울리면서 벌떡 일어나 백두산, 한라산과 함께 더덩실 춤이라도 추고 싶다는 그 이야기 아닙니까?

3.
왕의 반지를 가진 사람들

영적인 의미에서 우리 그리스도인들은 왕의 반지를 가진 사람들입니다. 여기서 반지는 보통 반지가 아니라 왕의 어인이 새겨진 반지, 즉 최고의 권세를 말합니다. 여기서 소유격의 주체를 꼭 기억해야 합니다. 진짜 주인이 따로 있습니다. '왕'의 반지입니다. 왕을 위하여, 왕의 뜻을 따라 사용하다가 왕이 원할 때 왕에게 돌려주어야 하는 반지입니다.

이것이 바로 그리스도인이 가진 영적인 권위, 권세의 특징입니다. 우리 그리스도인은 하나님의 자녀 된 권세를 잘 사용해야 합니다. 하나님의 나라, 하나님의 영광, 하나님의 뜻을 위하여 우리에게 맡겨진 은사와 권세를 쓰다가 "오늘 밤에 오너라." 하시면 가야 합니다. 건강하다고 안 갑니까? 젊다고 안 갑니까? 언제든지 갈 수 있습니다. 잘 쓰다가, 잘 전하다가 하나님 앞에 서야 한다는 것입니다.

우리말인데 세계 언어가 된 말이 있습니다. 그것은 '재벌', '갑질'이라는 단어입니다. 재벌 기업의 전무가 직원에게 던진 물컵이 '갑질'이라는 이슈가 되어 쓰나미가 되었습니다. 여러분이 가진 이 권세는 처음에는 두렵습니다. 어떻게 쓰는지 모릅니다. 그러나 이것을 잘 쓰고, 잘 누리면 여러분의 인생에서 영적인 쓰나미를 몰아 갈 수 있게 되는 것입니다. 물 한 컵이 쓰나미가 되듯이 잘 써야 된다는 것입니다. 땅 끝까지 복음을 전하는 데 권세를 쓰라는 것입니다.

"오직 성령이 너희에게 임하시면 너희가 권능을 받고"(행 1 : 8).

이게 왕의 반지입니다. 성령이 임하실 때 우리에게 왕의 반지가 임하게 되는데, 이것이 권능입니다. "성령의 권능"에서 '권능'(power), 곧 '뒤나미스'(δύναμις)에서 영어의 두 단어가 파생됩니다. 하나는 '다이나마이트'(dynamite)인데, 이는 우리 앞길을 태산들이 가로막고 있을 때 그것을 부수는 능력입니다. 또 하나는 '다이나믹'(dynamic)으로 사람이 변화되는 것, 내적인 변화, 품성의 변화를 가져오는 힘입니다. 성령의 능력 안에, 복음의 능력 안에 이것이 들어 있다는 것입니다.

예수님은 제자들을 세상으로 보내시며 악한 귀신을 물리치는 권능을 주셨습니다. 엑소시아(exousia)입니다. 신약성경에 102번이나 등장하는 이 말은 악을 향하여 '떠나가라' 명령하는 것입니다. "나로부터 멀어질지어다.", "한 길로 왔다가 일곱 길로 빠져 도망갈지어다.", "병마야, 물러갈지어다.", "더러운 귀신아, 물러갈지어다." 명령하는 것입니다. 이는 재판권, 심판권이 우리에게 있다는 것입니다. 악을 심판하는 권세를 말하는 것입니다. 잘못된 환경을 물리치는 권능을 말하는 것입니다. 명령기도의 권세를 말하는 것입니다. 하나님을 섬길 때, 교회를 섬길 때, 잃어버린 영혼을 찾아 낼 때, 예수님의 이름으로 무엇을 구하든지 즉시 시행하라는 것입니다. 우리가 가진 권세입니다. 나라를 위해 기도할 때도 권세를 가지고 기도해야 합니다.

무당이 귀신에게 비는 게 아닙니다. 우리에게는 권세가 있습니다. "이 나라를 어지럽히는 전쟁의 더러운 영들아, 떠나갈지어다. 공포의 영들아, 떠나갈지어다. 분리의 영들아, 떠나갈지어다. 분쟁의 영들아, 떠나갈지어다.", 가정을 위하여 기도할 때 "남편을 괴롭히고 자식을 방황하게 만드는 사악한 것들아, 떠나갈지어다.", 병마를 물리치기 위하여 기도할 때 "내 몸에 고통을 가져다 준 모든 염증은 떠나갈지어다. 암을 일으키는 모든 뿌리가 소멸될지어다. 건강한 세포들아, 힘을 얻을지어다."라고 기도하는 것입니다. 이것이 바로 우리가 가지고 있는 왕의 반지입니다.

마술사 시몬은 성령의 능력을 돈 주고 사는 줄 알았습니다. 하만도 왕의 반지를 악용하려고 했습니다. 그래서 멀쩡한 사람을 목매 달아 죽이려고 했던 것입니다. 그런데 거기 자기 목이 매달리게 된 것입니다. 그러나 모르드개는 반지의 주인인 왕에게 묻고 왕의 뜻을 따라 사용했습니다. 우리는 하나님의 영광을 위하여 기도함으로 왕의 반지를 잘 사용해야 합니다. 귀신을 쫓아내더라도, 질병을 치유하더라도, 자식을 축복하더라도 하나님의 영광을 위하여 사용해야 합니다.

에스더와 모르드개가 왕의 반지로 품격 있게, 근사하게, 권위 있게 사는 모습을 보고, 127개 도에 살던 이방 족속들 가운데 유대인을 두려워하고, 유대교로 개종하는 사람들이 무수히 많아졌습니다.

4. 왕의 반지를 사용하라

왕의 반지는 장식용이 아닙니다. 잘 사용하라고 주는 것입니다. 모르드개는 왕의 반지를 받고서도 이것을 어떻게 사용하는지 잘 몰랐습니다. 째깍째깍 시간이 가는 사이에 유대인들에게 진멸의 시간이 다가옵니다. 하만은 죽었지만 한 번 내린 왕의 조서는 끝까지 유효합니다. 취소될 수 없는 명령입니다.

에스더가 답답하여 다시 왕에게 울면서 살려 달라고 애원합니다.

그때 왕이 말합니다. "내가 나의 반지를 주지 않았느냐? 네 민족을 살리는 데 나의 반지를 사용하여라." 이것이 정답입니다. 징징거리지 말고, 민족을 살리는 데 왕의 반지를 사용하라는 것입니다. 괴롭히는 마귀를 대적하는 데, 질병을 치료하는 데, 자녀를 살리고, 가정을 살리고, 민족을 살리고, 교회를 살리는 데 왕의 반지를 사용하라는 것입니다.

"저는 초신자인데 그걸 어떻게 써요?", "저는 은사가 부족한데 그걸 어떻게 써요?", "벼룩도 낯짝이 있지 하나님 앞에 헌신한 것도 없는데, 기도할 줄도 모르는데, 나는 연약해서 걸핏하면 죄에 넘어지고 쓰러지는데 그걸 어떻게 써요?" 그러니까 써야 하는 것입니다. 그래야 성령님이 함께하십니다.

"이와 같이 성령도 우리의 연약함을 도우시나니"(롬 8 : 26).

성령이 통곡하고 탄식하며 쓰라고 말씀하시는 것입니다. 처음에는 성령의 역사가 나타나지 않을 수도 있습니다. 기도해도 응답이 없는 것처럼 보일 수도 있습니다. 악한 영이 제자들을 조롱했듯이, 여러분을 조롱할 수도 있습니다. 그래도 믿음으로 사용하면 권세의 칼이 날카로워집니다. 수류탄이 원자폭탄이 되는 것입니다. 사용하세요.

순종하면 능력이 커집니다. 다듬어집니다. 기도했는데 나타나지 않고, 떠나라 그랬는데 조롱하고, 안수했는데 자식에게 아무런 열매가 없더라도 순종하고 사용하시기 바랍니다. 순종이 더 중요하기 때문입니다. 자꾸 사용하면 커지는 것이 하나님이 주신 은사입니다.

새벽마다 교회에 나와서 기도하시는 분들, 교역자들이 가정을 방문해서 알게 된 기도내용들을 보면 가정마다 가슴앓이가 있습니다. 예수님 당시에도 죽은 자들이 얼마나 많이 있었습니까? 그런데 산 사람은 세 사람밖에 없거든요. 병든 사람이 얼마나 많이 있었습니까? 주님을 만난 사람만 고침 받았거든요. 오늘도 마찬가지입니다.

우리 각자가 이 권세를 가져야 합니다. 이 권세가 있음을 믿으시기 바랍니다. 쓰시기 바랍니다. 마음껏 누리시기 바랍니다. 우리는 왕의 반지를 가진 사람들입니다. 여러분의 입술이 능력으로 가득 차기를 바랍니다. 여러분 각 사람의 머리 위에 기도의 권능이 임하게 될 것입니다. 누리시기를 바랍니다.

ESTHER

ESTHER

13장 / 승리를 즐기는 사람들

에스더 9 : 1~19

¹ 아달월 곧 열두째 달 십삼일은 왕의 어명을 시행하게 된 날이라 유다인의 대적들이 그들을 제거하기를 바랐더니 유다인이 도리어 자기들을 미워하는 자들을 제거하게 된 그날에 ² 유다인들이 아하수에로 왕의 각 지방, 각 읍에 모여 자기들을 해하고자 한 자를 죽이려 하니 모든 민족이 그들을 두려워하여 능히 막을 자가 없고 ³ 각 지방 모든 지방관과 대신들과 총독들과 왕의 사무를 보는 자들이 모르드개를 두려워하므로 다 유다인을 도우니 ⁴ 모르드개가 왕궁에서 존귀하여 점점 창대하매 이 사람 모르드개의 명성이 각 지방에 퍼지더라 ⁵ 유다인이 칼로 그 모든 대적들을 쳐서 도륙하고 진멸하고 자기를 미워하는 자에게 마음대로 행하고 ⁶ 유다인이 또 도성 수산에서 오백 명을 죽이고 진멸하고 ⁷ 또 바산다다와 달본과 아스바다와 ⁸ 보라다와 아달리야와 아리다다와 ⁹ 바마스다와 아리새와 아리대와 왜사다 ¹⁰ 곧 함므다다의 손자요 유다인의 대적 하만의 열 아들을 죽였으나 그들의 재산에는 손을 대지 아니하였더라 ¹¹ 그날에 도성 수산에서 도륙한 자의 수효를 왕께 아뢰니 ¹² 왕이 왕후 에스더에게 이르되 유다인이 도성 수산에서 이미 오백 명을 죽이고 멸하고 또 하만의 열 아들

을 죽였으니 왕의 다른 지방에서는 어떠하였겠느냐 이제 그대의 소청이 무엇이냐 곧 허락하겠노라 그대의 요구가 무엇이냐 또한 시행하겠노라 하니 ¹³ 에스더가 이르되 왕이 만일 좋게 여기시면 수산에 사는 유다인들이 내일도 오늘 조서대로 행하게 하시고 하만의 열 아들의 시체를 나무에 매달게 하소서 하니 ¹⁴ 왕이 그대로 행하기를 허락하고 조서를 수산에 내리니 하만의 열 아들의 시체가 매달리니라 ¹⁵ 아달월 십사일에도 수산에 있는 유다인이 모여 또 삼백 명을 수산에서 도륙하되 그들의 재산에는 손을 대지 아니하였고 ¹⁶ 왕의 각 지방에 있는 다른 유다인들이 모여 스스로 생명을 보호하여 대적들에게서 벗어나며 자기들을 미워하는 자 칠만 오천 명을 도륙하되 그들의 재산에는 손을 대지 아니하였더라 ¹⁷ 아달월 십삼일에 그 일을 행하였고 십사일에 쉬며 그날에 잔치를 베풀어 즐겼고 ¹⁸ 수산에 사는 유다인들은 십삼일과 십사일에 모였고 십오일에 쉬며 이날에 잔치를 베풀어 즐긴지라 ¹⁹ 그러므로 시골의 유다인 곧 성이 없는 고을 고을에 사는 자들이 아달월 십사일을 명절로 삼아 잔치를 베풀고 즐기며 서로 예물을 주더라

1.
승리를 즐기는 사람들

우리나라는 1988년에 하계올림픽을 유치했습니다. 2002년도에는 월드컵을 개최했습니다. 2011년도에는 세계육상선수권대회가 대구에서 있었습니다. 거기에 동계올림픽까지 유치하면 4대 세계 스포츠 축제를 유치한 5번째 나라가 됩니다. 4대 스포츠 축제를 모두 유치한 나라는 대한민국 말고 네 나라밖에 없다는 것입니다.

그래서인지 몰라도 우리는 유달리 동계올림픽 유치에 집착, 애착, 애정을 가지게 되었습니다. 2010년도에 유치 신청을 했습니다만, 턱없이 부족한 표를 얻었습니다. 2014년도에는 당연히 이기는 줄 알았는데 1등 한 우리를 누르고 2차전에서 러시아 소치가 유치하게 되었습니다. 2018년도에 3번째 유치를 신청합니다. 한 번에 3분의 2 이상 표를 얻어서 유치하는 데 성공하게 되었습니다.

이렇게 힘들게 유치되었건만, 최선을 다해서 준비하는 가운데 평창 동계올림픽을 코앞에 두고 나라가 전쟁의 소용돌이에 휩싸이는 것처럼 보였습니다. ICBM(대륙간탄도미사일)이 하늘을 날고, 북한은 원자핵, 수소핵을 완벽하게 준비했다고 큰소리를 뻥뻥 쳤습니다. 세계 모든 선수들이 대한민국 땅을 밟는 것 자체를 두려워하고 있었습니다.

  우여곡절 끝에 동계올림픽이 시작되었습니다. 그런데 생각지 못했던 의외의 사건들이 일어나기 시작했습니다. 이것을 계기로 남북 간의 화해 분위기가 조성되었고, 미북 간에 엄청난 회담이 준비되어지고 있습니다. 이것이 잘 진행되면 이 한반도에 핵이 사라지고, 틀림없이 비핵화가 되리라 기대하고 믿습니다. 평양에 미국 대사관이 들어서고, 워싱턴에 북한 대사관이 들어서는 평화 중립국, 세계의 평화를 선도하는 나라가 되기를 기도하고 있는 것입니다.

  우리는 지난 70년 이상 전쟁의 공포와 불안 속에 시달려야 했습니다. 적어도 사랑하는 내 자식들만큼은, 우리 자손들만큼은 이런 두려움과 불안을 물려주지 않으려고 하룻밤도 기도하지 않고는 편히 잠들 수 없었습니다. 저들이 이런 휴전 체제 속에서 살지 않도록, 평화를 물려주어야겠다는 생각이 너무나 간절해서 D-day를 정하고 기도해야겠다는 생각을 하게 된 것입니다.

  그때 어떤 말씀을 경청할까 하면서 성경을 보던 중 에스더서 말씀을 손에 붙들게 되었습니다. 에스더서를 묵상하는 가운데 우리의 이야기를 하나님의 음성으로 듣게 되었습니다. 그렇게 살펴본 에스더서가 이제 그 종착점에 이르게 되었습니다.

오늘이 바로 D-day입니다. 오늘 파주시 진서면 어룡리 판문점 남측 평화의 집에서 남북정상회담이 이루어지는데, 남북 정상이 얼굴과 얼굴을 대면하는 역사적인 사건 속에서 에스더서의 종착점인 부림절에 관한 이야기를 듣게 됩니다.

우리는 부림절의 승리를 즐길 줄 알아야 합니다. 하나님이 어떻게 역사하시는지, 하나님의 손길을 바라보아야 합니다. 우리가 구원받았다는 이 사실, 하나님의 자녀가 되었다는 이 사실, 우리 민족이 하나님의 백성이 되었다는 이 사실, 우리가 즐기는 날이 되었으면 좋겠다는 마음으로 하나님 앞에서 기도하고 말씀을 듣게 되었습니다.

제2차 세계대전 당시 독일의 명장 롬멜(Erwin Johannes Eugen Rommel)은 연합군의 상륙작전을 막기 위해 해안 경비를 강화하고 있었습니다. 마침 기상이 최악의 상황으로 악화되고 있어 연합군의 상륙작전은 불가능해 보였습니다. 롬멜은 안심하고 휴가를 얻어 가족들과 함께 아내의 생일잔치를 즐기고 있었습니다. 독일군의 경비가 느슨해진 이 틈을 타 1944년 6월 6일 연합군이 기습적으로 상륙작전을 펼칩니다. 이 일이 독일이 패하고 연합군이 승리를 거둔 결정적인 사건, 결정적인 날이 됩니다. 이때부터 'D-day'라는 말이 나왔습니다. 바로 그 D-day에 침략군, 제국주의가 패배하고 연합군의 완전한 승리와 일본의 항복과 함께 우리는 해방을 얻으면서 V-day, 곧 승리의 날을 맞게 된 것입니다. 이때부터 결정적인 날을 D-day라고 하고, 이 승리가 완성되어지는 날을 V-day라고 합니다. 언제나 그렇습니다. 우리의 위기는 하나님이 역사하실 기회가 되었습니다. 지금 한반도에 고조되어 있는 위기가 하나님이 역사하실 기회임을 믿습니다.

헬라어에는 '시간, 때'를 가리키는 두 단어가 있습니다. 하나는 모든 사람들에게 공평한 하루 24시간 '크로노스'(χρόνος)이고, 또 하나는 사람에 따라 모든 의미와 가치가 달라지는 주관적인 시간인 '카이로스'(καιρός)입니다. 하나님이 당신의 자녀들을 승리로 이끄시는 구원의 시간은 '카이로스'입니다. 하나님의 간섭의 시간이 오늘 우리 가운데 흘러가고 있는 것입니다.

십자가 사건을 통해 마귀는 승리의 쾌재를 부르는 듯했습니다. 그러나 예수님의 십자가 사건은 사탄의 본부를 박살내고, 선택받은 하나님의 모든 백성들을 구원하는 D-day가 되었던 것입니다. 그리고 부활하신 그분이 최후의 날 반드시 재림하셔서 선악 간에 심판하고, 구원받은 하나님의 백성을 하나도 버리지 않는 V-day이 날이 우리 가운데 임하게 될 것입니다.

본문 에스더서 9장에는 유난히 하나님의 V-day를 표현하는 "그날"이란 말이 많이 등장하고 있습니다. 1절에서 어명을 시행하게 된 "그날"이 V-day이고, 11절에 "그날에", 17절에 "그날에 잔치를 베풀어", 18절에 "이날에 잔치를 베풀어"라는 말이 나옵니다. 유대인이 하만의 손에 의하여 진멸당하기로 되어 있던 계획이 완성된 날이었습니다. 이날이 하만과 함께 아말렉족이 망하고 하나님의 백성 유대인들이 승리의 잔치를 벌이는 V-day의 날이 될 줄이야! 이 엄청난 역전드라마, 역전극을 보아 왔습니다.

1절 "그날"에 대한 설명으로 9장은 문을 엽니다. 그날은 유대 종교달력으로 12월 13일인데, 우리가 쓰는 태양력으로는 3월 13일입니다. 원래 이날은 하만이 유대인을 제거하기로 계획하고, 이미 어명이 선포된 날이었습니다. 그런데 1절에 "도리어"라는 중요한 단어가 등장하게 됩니다. 이날이 유대인들이 자기들을 미워하고 공격하는 아말렉을 폐퇴시키는, 하만족을 제거하게 된 V-day 승리의 날이 된 것입니다.

여기 하나님의 '카이로스'를 설명하는 "도리어"라는 말이 참 중요합니다. 요한복음 16 : 20에서 예수님께서 "너희 근심이 도리어 기쁨이 되리라"라고 말씀하셨지만, 예수님이 십자가에 달려 돌아가시는 일은 제자들에게 큰 근심이 되었습니다. 이때 "내가 십자가에서 죽는 것이 너희들에게 근심이 될 수 있으나 바로 그날이 만인간을 구원하는 D-day가 될 것이다."라고 말씀하고 있습니다. 바로 그 단어가 "도리어"입니다.

이미 D-day는 창세기 3 : 15에서 예언되었습니다. 사탄은 예수님의 발꿈치를 상하게 하고 승리하는 줄 알고 쾌재를 불렀겠지만, 주님의 몸에서 흘러내리는 물과 피가 사탄의 머리를 부서뜨리고 지옥에 있는 하나님의 백성들, 에덴에서 쫓겨난 하나님의 백성들을 예수 그리스도 안에서 구원하게 되는 D-day와 V-day를 완성하게 되었습니다.

빌립보서 1 : 12에서 바울은 "내가 당한 일이 도리어 복음 전파에 진전이 되었다."고 고백하고 있습니다. 바울은 자신이 고난당하고 감옥에 갇히고 모든 복음의 진보가 끊어지는 것처럼 보였겠지만 하나님께서는 자신이 감옥에 들어가면 감옥을 지키는 사람들을 하나님 앞으로 돌아오게 하시고, 로마에서 매 맞아 피 흘리고 쓰러지면 그로 인해 로마에 복음이 전해지게 하시니, 오히려 자신이 당한 고난이 V-day가 아니겠느냐고 말하는 것입니다.

어떤 사람에게는 그 고난의 순간이, 예기치 못했던 시련이, 가슴을 치는 억울한 일들이 인생에서 클라이맥스가 되기도 합니다. 그것이 하나님의 사람, 믿음의 사람의 자세가 아니겠느냐는 것입니다. 그런데 조그마한 고난, 시련이 있다고 하나님을 원망하고 기도하지 아니하고 하나님을 떠나고 말씀을 버린다면, 바로 이날이 패배의 날이 되어 버리고 마는 것입니다.

『지선아 사랑해』의 주인공 이지선 씨는 불의의 사고로 전신 55%에 심한 화상을 입고 구사일생 살아났습니다. 이 일로 그녀는 하나님을 더 사랑하게 되었고, 또 이 땅에서 고난당하고 실패의 늪에 빠진 사람들에게 용기를 주었습니다. 그녀는 얼마 전부터 복지학을 공부하며, 한동대학교 교수로 섬기고 있다고 합니다.

유석경 전도사는 신학대학원 공부 도중에 암을 발견했습니다. 수술해도 얼마 살지 못한다는 것을 알게 됩니다. 수술을 거부합니다. 수술받는 그 시간, 병실에 누워 있는 그 시간, 회복하는 그 시간조차도 아까워서 복음을 전하기 시작합니다. 그리고 간증을 시작합니다. 이 고난을 통하여 하나님께서 어떻게 자신을 만지시는지, 고난을 통하여 하나님께서 인생을 어떻게 변화시키시는지, 모진 고난이 자신의 인생에서 어떻게 클라이맥스가 되게 하셨는지 멋진 모습을 보여 주고 우리 곁을 떠나갑니다. 그가 남긴 한 권의 책『당신은 하나님을 오해하고 있습니다』는 많은 사람들에게 감동을 주었습니다.

야마모도 야에꼬의 『중꼬 고맙다』라는 책도 같은 이야기입니다. 너무나도 사랑스럽게 키웠던 딸, 결혼 후에 행복한 2년의 생활이 지나고, 1달 간격으로 중꼬와 그 남편이 암에 걸립니다. 서로 위로하면서 병실을 달리 하고 한 사람이 힘을 얻으면 다른 한 사람을 간호하면서 사랑하는 자식들을 어떻게 양육하고, 또 소중한 자녀를 어떻게 축복했는지에 대한 내용인데, 친정어머니가 그의 유품을 정리하다가 발견하고 모아서 만들어진 책입니다.

반면 하나님의 승리를 즐길 줄 모르는 사람들이 많이 있습니다. 고난이 있거나 하나님과는 아무런 상관이 없는 실패인데도 하나님이 살았느니 죽었느니 하는 사람이 있습니다. 그런가 하면 예기치 못했던 놀라운 승리와 성공, 축복으로 인하여 오히려 너무 바빠서 예배를 멀리하고 말씀을 덮어 버리는 사람들, 기도하지 않아도 성공할 수 있고 또 잘 사는 모습을 사탄에게 보여 주면서 살아가는 어리석은 사람들, 방만하고 나태해진 사람들이 얼마나 많이 있습니까? 하나님이 주신 인생의 카이로스 D-day, V-day를 볼 줄 모르는 까막눈들이 얼마나 많이 있습니까?

여러분들이 시련을 통하여 인생의 클라이맥스를 누리시기를 원합니다. 하나님이 여러분을 승리의 자리로 이끌어 가실 때 그 속에 하나님을 볼 수 있는 눈이 열리기를 바랍니다. 하나님의 커다란 손길을 붙드는 은혜의 시간들이 되시기를 바랍니다.

2.
두 개의 문서

본문에는 12월 13일에 시행될 두 가지 서로 모순된 어명이 존재하고 있었습니다. 첫째는 하만이 만든 유대인 진멸 어명입니다. 이는 1월 13일에 공포된 어명이었습니다. 둘째는 유대인이 함께 모여 자기 생명을 지키고, 행여 유대인을 공격하는 자들이 있으면 진멸해도 좋다는 내용으로 모르드개가 만든 어명입니다. 이는 3월 23일, 첫 번째 유대인 진멸 문서가 공포된 지 꼭 70일 만에 공포된 어명이었습니다. 이 시간 속에는 하나님의 '카이로스'가 있습니다. 이것을 통하여 우리는 하나님의 뜻을 볼 수 있고, 은혜를 맛볼 수 있게 되는 것입니다.

문제는 이 나라 법도에 따라 한 번 어인을 찍어 공포한 어명은 취소가 되지 않는다는 것입니다. 그래서 유대인을 죽이라는 하만의 문서도 유효합니다. 유대인을 살리라는 모르드개의 문서도 유효합니다. 이처럼 모순된 두 어명 문서가 어떻게 시행되어야 할까요?
아말렉 족속들은 하만의 문서를 들고 유대인을 공격할 수 있습니다. 유대인들은 모르드개의 문서를 들고 공격해 오는 아말렉족을 진멸할 수 있습니다. 모든 도시에서 두 민족 간에 전쟁이 일어날 수 있는 상황이 되고 만 것입니다.

지금 우리나라의 상황도 이러합니다. 북한은 원자핵 앞에 손을 떨며 앉아 있을 것이고, 미국은 악의 뿌리를 철저히 제거해야 한다고 생각하며 전쟁을 한 판 벌일 수도 있습니다. 마치 본문 속 두 문서를 가진 것 같은 일들이 이 한반도에서도 일어나고 있는 것입니다.

그런데 대단히 재미있는 사실은 분명 두 개의 어명 문서가 존재하는데, 성경 본문에는 "왕의 어명"이라는 말이 단수로 쓰여 있다는 것입니다. 어명 문서는 둘입니다. 그런데 복수가 아니라 단수로 쓰여졌습니다. 모르드개 총리, 에스더 왕후, 아하수에로 왕의 권위 아래서 둘 중 하나가 취소되지는 않았으나, 하나는 그 효력이 상실되었다는 것입니다.

동일한 1절에서 왜 단수일 수밖에 없는가 하는 이유를 분명히 설명합니다.

"유다인의 대적들이 그들을 제거하기를 바랐더니 유다인이 도리어 자기들을 미워하는 자들을 제거하게 된 그날에"(에 9 : 1).

"죄를 지으면 정녕 죽으리라. 선악과를 따 먹으면 반드시 죽는다. 하나님을 떠난 백성들은 살 길이 없다. 죽는다. 반드시 죽는다." 이것은 율법입니다. 하나님의 율법은 죽지 않습니다. 그러나 우리 주 예수 그리스도 안에서, 십자가 보혈 아래서 이 율법은 효력을 상실했습니다. 생명의 법, 성령의 법이 죄와 사망의 법을 무효화시켰습니다. 예수 그리스도 안에서 하나님의 자녀를 정죄할 자는 없습니다.

"하나님이 세상을 이처럼 사랑하사 독생자를 주셨으니 이는 그를 믿는 자마다 멸망하지 않고 영생을 얻게 하려 하심이라"(요 3 : 16).
"이전 것은 지나갔으니 보라 새 것이 되었도다"(고후 5 : 17).
"내가 진실로 진실로 너희에게 이르노니 내 말을 듣고 또 나 보내신 이를 믿는 자는 영생을 얻었고 심판에 이르지 아니하나니 사망에서 생명으로 옮겼느니라"(요 5 : 24).

두 개의 법이 존재하지만 예수 안에서는 사망의 법, 죽음의 법, 멸망의 법, 지옥의 법이 아무런 효력이 없습니다. 오직 십자가의 능력만이, 보혈의 권세만이, 믿음만이, 하나님의 은혜만이 존재하게 됩니다.

"누가 우리를 그리스도의 사랑에서 끊으리요 환난이나 곤고나 박해나 기근이나 적신이나 위험이나 칼이랴"(롬 8 : 35).
"그러나 이 모든 일에 우리를 사랑하시는 이로 말미암아 우리가 넉넉히 이기느니라"(롬 8 : 37).

에스더서에는 '하나님'이란 단어가 한 번도 등장하지 않습니다. 그래서 정경이 맞는지 끝까지 논쟁거리가 되었던 책이 에스더서입니다. 그러나 우리는 눈에 보이지 않지만 커다란 손길, 역사의 운행자, 역사의 주관자가 얼마나 정확하게 역사를 움직여 가시는지 볼 수 있습니다. 그래서 에스더서를 구약의 복음서라 할 수 있습니다.

"부림절을 즐겨라." 하나님은 우리가 악을 무찌르고 화평을 누리기 원하십니다. 이 나라가 화평한 것이 하나님의 뜻입니다. 이 하나님의 뜻을 이루기 위하여 왕의 반지가 사용되어야 합니다.

"그러므로 우리가 믿음으로 의롭다 하심을 받았으니 우리 주 예수 그리스도로 말미암아 하나님과 화평을 누리자"(롬 5 : 1).

승리와 화평은 하나님이 주시는 선물입니다. 하나님의 백성들은 하나님이 이루시는 이 화평을 즐기면 됩니다.

유대인들이 하만의 손에서 건짐 받았을 뿐 아니라 오히려 원수 아말렉을 진멸한 것을 즐기는 축제를 부림절이라고 합니다. 이미 유대인이 멸망한다는 주사위가 던져졌지만, 주사위를 뒤집는 하나님의 은혜로 말미암아 유대인에게 승리가 선포되고, 해방이 선포되고, 원수들이 멸망하는 대반전이 일어나게 된 것입니다.

3. 부림절을 즐겨라

우리가 광복절을 지키듯이 지금도 유대인들은 부림절을 지킵니다. 부림절 첫날은 모든 국민이 나라를 위하여 금식기도를 합니다. 금식기도의 이름은 '에스더 금식'입니다. 나라에 에스더 금식기도가 명명되어지면 어린아이까지 모든 국민들이 하루 동안 금식을 하게 됩니다. 저녁에는 회당별로 구국기도회를 갖습니다. 아이들까지 모두 모입니다. 특별히 아이들은 소리 나는 뭔가를 가지고 옵니다. 나팔, 북, 바가지라도 가지고 옵니다. 한 사람이 에스더를 읽습니다. 하만이란 이름이 나오면 "그 이름을 소멸하라!"라고 외칩니다. 우리말로 하면 "하만, 그놈을 죽여라!"라는 과격한 말입니다. 아이들도 나팔을 불고, 북을 두드리고, 바가지를 두드립니다. 가지고 온 뭔가로 소리를 냅니다. "하만의 이름을 밟아라!" 소리를 지릅니다.

특히 오늘 본문 에스더 9 : 7에 가까워지면, 모든 사람들이 긴장하며 기다렸다가 성경을 펼쳐서 7~10절까지 큰 소리로 외치듯 읽습니다.

> "또 바산다다와 달본과 아스바다와 보라다와 아달리야와 아리다다와 바마스다와 아리새와 아리대와 왜사다 곧 함므다다의 손자요 유다인의 대적 하만의 열 아들을 죽였으나 그들의 재산에는 손을 대지 아니하였더라"(에 9 : 7-10).

다 읽은 다음에는 함성을 지릅니다. 박수를 치고, 나팔을 불고, 북을 두드리고, 바가지를 두드리고, 소리를 지릅니다. "그놈들을 한꺼번에 죽여라, 떼거지로 죽여라!" 이런 부림절 축제를 통하여 애국심을 고무시킵니다. 전 세계에 흩어진 유대인들이 곳곳에서 똑같은 시간에 똑같은 행사를 합니다. 그 심장에 하나님을, 유대인이라는 긍지를 심어 주는 것입니다. 똘똘 뭉치게 만드는 것입니다.

둘째 날은 유머러스한 행사가 진행됩니다. 집집마다 온 가족이 '하만타셴'(Hamentachen; Haman's pocket)이라는 과자를 구워 먹습니다. 하만타셴이란 '하만의 주머니'라는 뜻입니다. 또한 하만타셴은 하만의 귀를 뜻하는 '오즈네이 하만'으로도 불립니다. 과자도 귀 모양으로 만들어서 굽습니다. 그것을 씹어 먹습니다. 민족을 진멸하려고 했던 원수들, 사탄을 상징하는 과자를 씹어 먹는 것입니다. 그러면서 다시는 어떤 나라, 어떤 자로부터도 밟히지 말자고 다짐합니다. 유대인들은 지난날의 고난을 기억하며 어떤 고난을 당하더라도 이 나라와 민족을 지키자고 다짐합니다.

그들은 고난의 절기마다 달걀을 삶아 먹습니다. 삶으면 삶을수록 달걀이 단단해지는 것처럼, 고난을 당하면 당할수록 우리 민족은 단단해질 것이고, 시련을 당하면 당할수록 우리 민족은 더욱더 하나님의 은혜 안에서 단단해질 것이라는 의미입니다. 그들은 삶은 계란을 먹으면서 "다시는 우리를 무시하는 세력이 없게 하자. 우리는 하나님의 백성이다." 다짐합니다. 이것이 부림절을 지키는 그들의 모습이고, 그들의 애국심입니다.

4.

부림절과 유대인의 정신

1967년에 이스라엘이 이집트, 요르단, 시리아 등 아랍 연합국과 치렀던 6일 전쟁을 기억하십니까? 중동에서 이스라엘과 아랍연합군이 전쟁을 하게 되었다는 소식이 전해지자, 미국 전역에 있는 대학 기숙사마다 이스라엘 학생들과 아랍 학생들이 일제히 사라졌습니다. 이스라엘 학생들은 어떤 이는 책을 팔고, 어떤 이는 등록금으로 비행기 티켓을 구입해서 전쟁터로 달려갔습니다. 그러나 아랍 학생들은 혹시라도 소환 명령이 떨어질까 봐 지하로 숨었습니다. 이스라엘 300만 명이 1억이 넘는 아랍인들, 곧 이집트, 요르단, 시리아를 차례대로 격파하고, 1967년 6월 5일부터 단 6일 만에 승리를 쟁취했던 6일 전쟁, 이것은 전쟁사에서 신화를 만들어 냈습니다.

유대인들은 아이에게 젖을 먹일 때도 젖만 먹인다고 생각하지 않고, 민족사에 흐르는 하나님의 피, 시련과 고난의 피, 꿈틀거리는 애국심을 아이들에게 먹인다고 생각합니다. 아버지는 자녀를 축복합니다. 민족사에 있었던 이집트에서 당한 고난, 하만에게 당한 고난, 헬라로부터 당했던 고난, 히틀러로부터 겪었던 모진 고난 등을 아이들에게 가르치는 것입니다.

히틀러가 유대인을 죽여야 한다는 연설을 시작했습니다. 청중 가운데는 유대인 학생들이 앉아 있었습니다. 그들은 히틀러의 연설을 저주하고, 야유를 퍼붓고, 껄껄대며 웃었습니다. 학생들은 즉각 체포되었습니다.

"그대들은 누구인가?"

"우리는 유대인이다."

"유대인을 죽이라는 나의 연설이 거짓으로 느껴지는가?"

"너는 우리 민족을 멸하고자 하는 첫 번째 악당이 아니다. 이집트 바로가 우리를 죽이려 했으나 하나님께서 우리를 구원하셨다. 유월절이 되면 우리는 쓴 나물을 먹으며 바로를 저주한다. 하만이 우리를 죽이려 했으나 하나님께서 그를 장대에 매달아 우리를 구원하셨다. 부림절이 되면 우리는 하만의 귀를 씹으며 그날을 기억한다. 히틀러 그대는 우리에게 어떤 음식을 먹게 하겠느냐?"

결국 학생들은 처형되고, 히틀러는 미쳐서 600만 명을 가스실로 보내 죽이는 마귀 짓을 하게 됩니다.

이 말씀을 간밤에 읽고 또 읽으면서 심장이 뛰었습니다. 광복절이나 3.1절이 되면 달력에 빨간색으로 표시해 놓고 놀러가는 것이 우리의 모습이 아닌지 생각해 보아야 합니다. 그들과 너무나도 다른 우리의 모습을 보면서 부끄럽기 짝이 없었습니다.

역사적으로 중차대한 시간, 트럼프와 김정은이 한자리에 앉는 시간이 다가오고 있습니다. 하나님의 '카이로스'가 되기 위해서, 'D-day'가 되기 위해서, 민족사의 'V-day'가 되기 위해서 이대로 있을 수가 없기에 우리는 기도를 이어 오고 있습니다. 이 시골마을에서 기도하는 것이 무슨 대단한 파문을 일으키겠냐고 할 수도 있겠지만, 저는 분명히 하나님의 손이 움직일 것을 믿습니다. 그래서 하나님 앞에 매달려 부르짖습니다.

목회를 시작하고 지금까지 3.1절이나 광복절 아침이 되면 부족한 종의 기도와 뜻을 헤아리는 교인들과 함께 예배당에 모여서 "♪ 동해물과 백두산이 마르고 닳도록 하나님이 보우하사 우리나라 만세~" 애국가를 부르며 태극기를 흔드는 일을 한 번도 쉬지 않았습니다. 모든 사람이 동참하지는 않았지만 이 심정을 헤아려 주시는 몇 분들이 함께 기도하고, 태극기를 흔들고, 눈물로 부르짖어 기도해 주셔서 진심으로 감사드립니다. 이런 일들이 계속 이어져 한반도가 평화의 땅이 되고, 통일의 그날이 속히 다가와 우리나라가 세계 열방에 복음을 전하는 마지막 선교국가로서의 역할과 사명을 감당하게 되기를 바랍니다.

ESTHER

14장 /

고난의 그 역사 잊지 마라!

에스더 9 : 20~10 : 3

⁹⁺²⁰ 모르드개가 이 일을 기록하고 아하수에로 왕의 각 지방에 있는 모든 유다인에게 원근을 막론하고 글을 보내어 이르기를 ²¹ 한 규례를 세워 해마다 아달월 십사일과 십오일을 지키라 ²² 이 달 이날에 유다인들이 대적에게서 벗어나서 평안함을 얻어 슬픔이 변하여 기쁨이 되고 애통이 변하여 길한 날이 되었으니 이 두 날을 지켜 잔치를 베풀고 즐기며 서로 예물을 주며 가난한 자를 구제하라 하매 ²³ 유다인이 자기들이 이미 시작한 대로 또한 모르드개가 보낸 글대로 계속하여 행하였으니 ²⁴ 곧 아각 사람 함므다다의 아들 모든 유다인의 대적 하만이 유다인을 진멸하기를 꾀하고 부르 곧 제비를 뽑아 그들을 죽이고 멸하려 하였으나 ²⁵ 에스더가 왕 앞에 나아감으로 말미암아 왕이 조서를 내려 하만이 유다인을 해하려던 악한 꾀를 그의 머리에 돌려보내어 하만과 그의 여러 아들을 나무에 달게 하였으므로 ²⁶ 무리가 부르의 이름을 따라 이 두 날을 부림이라 하고 유다인이 이 글의 모든 말과 이 일에 보고 당한 것으로 말미암아 ²⁷ 뜻을 정하고 자기들과 자손과 자기들과 화합한 자들이 해마다 그 기록하고 정해 놓은 때 이 두 날을 이어서 지켜 폐하지 아니하기로 작정하고 ²⁸ 각 지방, 각 읍,

각 집에서 대대로 이 두 날을 기념하여 지키되 이 부림일을 유다인 중에서 폐하지 않게 하고 그들의 후손들이 계속해서 기념하게 하였더라 [29] 아비하일의 딸 왕후 에스더와 유다인 모르드개가 전권으로 글을 쓰고 부림에 대한 이 둘째 편지를 굳게 지키게 하되 [30] 화평하고 진실한 말로 편지를 써서 아하수에로의 나라 백이십칠 지방에 있는 유다 모든 사람에게 보내어 [31] 정한 기간에 이 부림일을 지키게 하였으니 이는 유다인 모르드개와 왕후 에스더가 명령한 바와 유다인이 금식하며 부르짖은 것으로 말미암아 자기와 자기 자손을 위하여 정한 바가 있음이더라 [32] 에스더의 명령이 이 부림에 대한 일을 견고하게 하였고 그 일이 책에 기록되었더라 [10:1] 아하수에로 왕이 그의 본토와 바다 섬들로 하여금 조공을 바치게 하였더라 [2] 왕의 능력 있는 모든 행적과 모르드개를 높여 존귀하게 한 사적이 메대와 바사 왕들의 일기에 기록되지 아니하였느냐 [3] 유다인 모르드개가 아하수에로 왕의 다음이 되고 유다인 중에 크게 존경받고 그의 허다한 형제에게 사랑을 받고 그의 백성의 이익을 도모하며 그의 모든 종족을 안위하였더라

1.
잊지 못할 민족의 수난사

　　　　세이레 동안 나라를 위해 기도하는 시간을 가졌습니다. 하나님께서 저에게 기도해야 한다는 감동을 주셔서 교우 여러분에게 선포했을 때 순종하며 기도의 동역자가 되어 주셔서 감사했고, 기도하는 우리가 먼저 더 큰 은혜와 복을 받게 되었음에 또한 감사드립니다.

　저는 문재인 대통령과 김정은 위원장의 이런저런 행보를 보면서, 그리고 판문점 선언이 선포되는 것을 보면서 입에는 미소가, 눈에는 조용한 눈물이 흐르고 있었습니다. 하나님 앞에 부르짖어 기도해 놓은 일들이 있기 때문입니다.

　판문점 선언! 한반도 완전 비핵화! 운을 떼고 첫 단추를 채울 시간이 되었다고 생각합니다. "한반도에 더 이상 전쟁은 없다. 곧 종전을 선언하고 가능한 한 금년 내에 확고한 평화체제를 확정하는 도장을 찍자." 8천만 종전 평화시대 선언, 우리가 나라를 위해 기도했던 이 모든 일들이 헛되지 않았다는 것 때문에 가슴이 벅차올랐고, 눈시울이 뜨거워졌고, 제 입가에 미소가 흘렀습니다. 시 아닌 시가 가슴속에서 꿈틀거리고 있었습니다.

모든 애국자가 다 그리스도인은 아닙니다. 그러나 모든 그리스도인은 애국자입니다. 기독교에는 국경이 없습니다. 그러나 그리스도인에게는 조국이 있습니다.

고 함석헌(咸錫憲) 선생의 『뜻으로 본 한국 역사』 서문에 나오는 말입니다.

> 쓰다가 말고 붓을 눈물을 닦지 않으면 안 되는 역사,
> 눈물을 닦으면서도 쓰지 않으면 안 되는 역사.
> 세익스피어를 못 읽고 괴테를 몰라도 이 역사는 알아야 한다.
> 그래 수천 년을 두고 매 맞고 짓밟히고 조롱받고 속임 당하는
> 이 백성을 생각하면 눈물 없이 넘어갈 수가 없다.

처음에는 제목이 「성경으로 본 한국 역사」였습니다. 후에 「뜻으로 본 한국 역사」란 제목으로 개편되었습니다.

♪ 하나님이 보우하사 우리나라 만세 ~

전 세계 어느 나라 애국가가 이렇게 되어 있습니까? 하나님께서 마지막에 쓰시기 위해서 이 나라, 이 민족을 이렇게 아껴 주시는 줄로 믿습니다.

'한국'이라는 이름이 이 땅에 태어난 지 꼭 120년이 지났습니다. 1897년 고종(高宗)이 처음으로 '대한제국'(大韓帝國)이란 명칭을 공표하고, 이 나라가 전통적인 왕조에서 근대국가로 발돋움하기 위해 헌법을 정비하고, 국기와 국가를 제정했습니다. 고종은 어려운 여건 속에서도 파리 만국박람회에 참석하여 대한제국이 자주독립국가임을 알렸습니다.

이 나라 대한민국은 지정학적 이유 때문에 대륙과 바다 양쪽으로부터 끊임없이 도전과 침략을 받아 왔습니다. 정치적으로 세계 강대국들 틈바구니에서 버티며 살아왔습니다. 그러기에 한국이라는 이름을 가진 뒤 120년 동안에도 그러한 고난의 역사가 계속되어 왔습니다. 많은 고난의 역사 가운데에서도 최고의 국치는 나라의 주권과 국호를 빼앗긴 1910년 일제강점, 곧 한일합방이라고 말하는 한일병탄(韓日倂呑)입니다. 9년 치욕의 세월을 견디다 못해 1919년 3월 1일 만세운동을 시작합니다.

♪ 기미년 삼월 일일 정오 터지자 밀물 같은 대한독립만세
　태극기 곳곳마다 삼천만이 하나로

이날은 우리의 의요 생명이요 교훈이다

한강은 다시 흐르고 백두산 높았다 선열하 이 나라를 보소서

동포야 이날을 길이 빛내자

일제는 식민지 최고 통치기구인 조선총독부를 설치하고 한국을 식민지로 만들었습니다. 역사 가운데 식민지생활을 한 많은 나라가 있었지만, 이토록 독한 식민지생활을 한 나라가 또 어디에 있더란 말입니까? 이날로 우리는 언론, 출판, 집회, 결사의 자유뿐만 아니라 기본권마저 박탈당하고, 언어와 이름을 빼앗겼습니다. 내 자식들 교육도 마음대로 할 수 없었고, 하나님 앞에 예배하는 일조차 방해를 받고, 하나님의 자리에 신사가 올라앉는 치욕을 경험해야 했습니다. 모든 경제 주권을 식민통치하에 강탈당했습니다. 광대한 토지가 일본 손아귀에 들어가고, 우리는 소작농으로 전락했습니다. 도시로 도망간 선량한 농민들은 모두 도시 빈민 노동자가 되었습니다.

마침 이 무렵 미국의 윌슨(Thomas Woodrow Wilson) 대통령은 세계 모든 약소민족들도 자주독립국가로 살아야 한다는 민족자결주의(National Self-determination)를 주창했습니다. 이것이 우리 젊은이들에게 커다란 용기가 되었던 것입니다.

국내에서는 일제에 의해 강제 폐위된 고종황제가 1919년 1월 21

일 원인도 알지 못한 채 세상을 떠났습니다. 고종의 장례식 날 모든 국민들이 울분을 그냥 담아 둘 수 없어서, 이것을 토해 내지 않고는 모든 국민이 화병이 날 것 같아서 이날을 기점으로 만세운동이 시작되었고, 삽시간에 도시와 도시로, 마을과 마을로 퍼지게 되었습니다. 우리는 호미 한 자루 들지 않은 맨주먹이었습니다. 맨손에 태극기 하나 들고 "대한독립 만세!"를 부르는 피맺힌 절규, 애끓는 심장이 있을 뿐이었습니다.

3.1운동은 일제 당국의 발표를 그대로 받아들인다 해도 집회 수만 1,542회에 달했고, 동원된 인원은 2,023,000명이 넘었습니다. 그리고 일제에 의해 살해된 인원만 70,509명이고, 검거당한 인원이 46,948명에 달했습니다. 뿐만 아니라 예배당 47곳이 불탔고, 학교도 2곳이 불탔으며, 불에 탄 민가는 715채로 그 피해가 엄청났습니다.

외국에 소개된 신문 보도에 의하면, 일본 헌병과 군대, 경찰이 아무리 칼로 찌르고 총을 쏘아 대도 한국인들은 돌 하나 던지지 않았다고 합니다. 남녀 학생들은 맨주먹으로 총칼 앞에 가슴을 들이대고 턱을 쳐들고 돌진했습니다. 왜경과 왜병들은 피에 굶주린 호랑이 떼같이 붉은 피를 뒤집어쓰고 뛰어다니며 칼로 베고, 창으로 찌르고, 발로 차며 수도 없이 한국인을 죽였습니다. 그럴수록 한국인들의 "대한독립 만세!" 소리는 커져만 갔습니다.

하나님은 이러한 우리의 부르짖음을 외면하지 않으셨습니다. 1945년 8월 15일, 일제의 무조건 항복으로 우리는 광복의 기쁨을 맞이했습니다. 그러나 곧바로 한반도는 남과 북으로 두 동강이 났습니다. 대한민국의 국토가 전혀 우리의 뜻과 상관없이 갈라지고 엉뚱한 이념으로 분열되었습니다. 우리가 원했던 일이었습니까? 이런 협상 과정에 우리가 참여했더란 말입니까?

독일이 갈라진 것은 전쟁 당사국이었으니 있을 수 있는 일이지만, 식민지의 희생국가인 우리가, 전쟁의 희생국가인 우리가 분단된 일은 어찌 통탄하지 않을 수 있겠습니까? 미국과 러시아, 중국과 일본은 우리 앞에 겸손해야 합니다. 우리나라 앞에 당당하게 고개 들 수 있는 나라들이 아닙니다. 우리 분단에 빚진 자들이기 때문입니다.

결국 우리는 속절없이 당합니다. 1950년 6월 25일 주일 새벽, 북한의 침략으로 동존상잔의 비극이 시작되었습니다. 제2차 세계대전 동안 유럽 전역에 투하된 폭탄보다 더 많은 양의 폭탄이 한반도 작은 땅덩어리에 쏟아부어집니다. 온 국토가 초토화된 전쟁이었습니다. 이 전쟁으로 987,000명의 한국군, 140만의 민간인이 희생되었습니다. 320만의 피난민을 낳았고, 1,000만 이산가족을 낳았습니다. 북한 땅에는 모르긴 하지만 더 많은 희생자들이 생겼을 것입니다.

2020년이면 6.25전쟁 후 70년이 됩니다. 분단된 국토 안에서 우리는 고난, 갈등, 불안, 공포의 하루하루를 살아왔습니다. 그러던 우리나라는 이제 전쟁과 평화의 기로에 서게 되었습니다. 남북분단 고착화 70주년이 되는 2018년에 분단국가, 분단의 강원도에서 열린 평창 동계올림픽을 계기로 그동안 펼쳐놓았던 전쟁의 버튼을 거두고 지금은 비핵화, 경제협력, 외교협력 회담이 시작되고 있습니다. 이 가운데 우리는 역사의 방관자가 되거나 구경꾼으로 남아 있을 수 없어서 나라의 문제를 가슴에 끌어안고 기도하고 있습니다. 우리가 그 기도의 한복판에 있음을 하나님 앞에 감사하지 않을 수 없습니다.

2.
고난을 기억하는 축제, 부림절

지구촌의 조그마한 나라, 작은 민족으로서 모진 고난을 견뎌 내고 인류 역사에 우뚝 선 민족이 있다고 한다면 아마도 우리 한민족과 유대인일 것입니다. 하나님은 인류 구원을 위해 구약시대에 유대인을 사용하셨습니다. 그리고 마지막 교회 시대에 땅 끝까지 복음을 전하기 위해서 한민족을 사용하고 계신다고 믿습니다. 주님이 지셨던 십자가처럼 우리가 겪은 고난에도 의미가 있습니다.

유대인들은 모진 고난을 이기고, 하나님의 구원을 경험했습니다. 이를 기념하는 부림절을 어떻게 보냈는지 살펴볼 필요가 있습니다. 또한 우리도 당한 고난을 잊지 말고 이를 통한 하나님의 구원을 볼 수 있어야 합니다. 상기하자! 민족 고난! 상기하자! 이 민족이 당한 고난!

무엇보다 이 고난에서 우리를 건져 주신 하나님의 은혜를 기억해야 합니다. 잊지 말자! 하나님의 은혜! 하나님의 거룩한 계획을 잊지 말자! 이 역사적인 고난의 경험들을 통하여 우리에게 주어진 하나님의 뜻을 이루어야 합니다. 반드시 이루자! 하나님의 거룩한 뜻!

유대인들은 기억하고 지키는 절기 축제나 기념일이 많습니다. 오순절, 유월절, 장막절을 3대 절기라 부릅니다. 그 외에도 민족이 모진 고난 속에서 하나님의 은혜로 구원받은 해방을 기뻐하는 절기로 부림절과 수전절이 있습니다.

본문은 에스더서의 결론 부분입니다. 부림절이 어떻게 시작되었으며, 그 의미가 무엇인지, 자손대대로 이 절기를 잊지 말고 잘 지켜 다시는 이런 아픔이 없어야 한다는 교훈을 우리에게 줍니다. 그래서 저는 에스더 결론의 말씀 제목을 "잊지 마라! 고난의 그 역사"라고 정했습니다. 이것은 제 부르짖음의 절규이기도 합니다. 지난 역사의 고난이나 실패를 잊은 민족에게는 미래가 있을 수 없습니다. 미래의 희망은 지나간 역사, 곧 고난의 상처를 딛고 굳건히 일어설 때 열리게 되는 것입니다.

일제강점의 비극을 기억하며 다시는 나라를 빼앗기지 말아야 합니다. 6.25전쟁의 비극을 기억하며 전쟁의 아픔을 자손들에게 물려주지 말아야 합니다. 3.1절, 광복절을 기억하며 하나님께 감사해야 합니다. 하나님이 이 민족을 붙드시면 다시 하나 되어 통일 선교한국 만들어 낼 수 있습니다. 외세에 의하여 우리의 허리가 잘려지고 민족이 분단되는 힘없는 민족으로 남아 있어서는 안 됩니다. "잊지 말자! 이 모든 아픔! 기억하자! 하나님의 은혜! 반드시 이루어 우리 후손들에게 물려주자!" 하나님 앞에 다짐하며 기도하게 되는 것입니다.

우리는 평창 동계올림픽과 함께 남북정상회담, 미북정상회담을 앞두고 조성된 평화 분위기 가운데 기도하고 있습니다. 그리고 하나님의 음성을 듣기 위해 에스더서를 붙잡았습니다.

그간 먼저 연구해 둔 많은 책들을 읽었습니다. 성경을 읽으며 묵상하고, 성경을 읽으며 묵상하다 다음 날 주실 하나님의 말씀을 붙듭니다. 그러고 나면 한바탕 춤을 추고 또 주실 말씀을 생각하기 위하여 책을 읽었습니다. 이 책들 가운데 인상적으로 제 눈에 들어온 책들이 몇 권 있습니다.『기막힌 하나님의 간섭』,『위기가 아닌 기회』,『하나님의 드라마, 에스더』,『죽으면 죽으리라』,『민족을 구원한 여성 에스더』 등입니다.

에스더서는 정말 하나님의 기가 막힌 역전드라마입니다. 민족의 위기가 엄청난 기회로 바뀐 역사적 사건입니다. 죽으면 죽으리라 기도하고, 왕 앞에 나아가 민족을 자신에게 달라고 호소한 에스더의 눈물과 기도를 하나님께서 외면하지 않으시고 민족을 살리신 사건입니다. 이 책에서는 한 번도 등장하지 않지만 매 절, 매 사건마다 하나님의 힘 있는 손, 역사를 붙든 손, 움켜쥔 손, 역사를 만들어 가는 손, 운행하는 손을 느낄 수 있었습니다.

이 사건, 이 사실을 잊지 말고 기억하자는 절기가 부림절입니다. 부림절에 그들이 잊지 않는 기도제목이 있습니다. "이 민족의 주인은 하나님이십니다. 하나님이 역사하셨습니다. 우리 민족이 망하지 않고 하나님께 경배드릴 수 있음을 찬송합니다. 오늘까지 우리의 생명을 연장시켜 주셔서 이 일들을 볼 수 있게 하시고, 과거에 일어났던 역사가 심장 속에서 꿈틀거리게 하시고, 다시 축제를 벌일 수 있게 해 주심에 감사합니다."라는 기도제목을 잊지 않았습니다. "생명이 오늘까지 연장되었으니 내게 맡겨 주신 사명, 내게 맡겨 주신 사람들, 내게 맡겨 주신 비전을 소중하게 아끼면서 살리라. 연약한 사람들, 나보다 힘없는 사람들을 섬기면서 살리라. 가졌다고 하는 것은 많은 책임이 있다는 것 외에 어떤 것도 아님을 기억하며 많이 가질수록 많은 책임을 감당하면서 살리라."라는 이 기도제목을 잊지 않았던 것입니다.

이것이 바로 우리 민족이 광복절을 기억하고, 또 이 민족에게 주어진 많은 절기들을 기억하고 지키는 이유입니다. 앞으로 절기를 지킬 때마다 의미를 되새기며, 하나님께 찬송하고 감사해야 할 것입니다.

3. 부림절을 지키는 유대인들에게서 배우다

유대인들처럼 우리 민족도 잔치를 좋아하는 민족입니다. 설날, 추석, 한식, 단오와 같은 전통명절이 있는가 하면, 3.1절, 제헌절, 광복절, 개천절, 한글날 등의 국경일도 있습니다. 그리고 우리 그리스도인들에게는 부활절, 추수감사절, 성탄절 등의 여러 절기들이 있습니다. 이런 명절이나 절기들을 지킬 때마다 유대인들이 부림절을 지키는 모습을 통해 배울 점이 무엇일까 생각하게 됩니다.

첫째, 유대인들은 생명을 지켜 주시고 구원을 주신 하나님을 기억하고 온 민족이 하나님 앞에 감사했습니다. 이처럼 우리도 설날 새해를 보낼 때마다 생명의 주인 되신 하나님, 시간을 주신 하나님, 태초에 시간을 만드신 그분 앞에 영광을 돌리는 날로 만들어 가야 할 것입니다. 감사절을 지킬 때마다 먹이시고 입히시고 오늘까지 생명을 주신 하나님 앞에 어떻게 감사할 수 있을지 생각하는 시간이 필요할 것입니다. 의미 없이 매 년, 매 시간을 보내는 것이 아니라 정말 뜻있는 시간을 갖도록 애써야 할 것입니다. 힘없는 우리에게 조국의 광복을 주신 하나님, 온갖 절기 명절을 통해서 온 백성이 하나님을 기억하고 하나님께 돌아가는 날이 되어야 할 것입니다.

둘째, 구원받은 기쁨을 마음껏 표현했습니다. 이처럼 우리도 하나님 앞에서 기쁨을 누리는 시간으로 만들어 가야 할 것입니다. "이 날은 기뻐하고 즐거워하자. 슬픔이 변하여 기쁨이 된 날이다. 매인 자들에게 자유를 주신 날이다. 죽을 수밖에 없는 자들을 살려 주신 날이다. 우리의 눈물을 닦고 웃음을 주신 날이다." 하나님 앞에서 기뻐하는 법을 배워야 할 것입니다.

♪ 주 안에 있는 나에게 딴 근심 있으랴
십자가 밑에 나아가 내 짐을 풀었네

주님을 찬송하면서 할렐루야 할렐루야
내 앞길 멀고 험해도 나 주님만 따라가리

셋째, 서로 선물을 주고받았습니다. 좋은 일이 있을 때 내 곁에 있는 사람을 생각하는 마음을 배우는 것입니다. 저희 교회에서 자주 결혼예식을 합니다. 물론 축하하러 온 사람들은 축의금을 내고 식권을 받아서 식사를 합니다. 그런데 그 시간에 교회의 젊은 청년들이나 어린아이들이 주일을 준비하기 위해 모여 있을 때가 있습니다. 그때 혼주가 조용히 그들을 불러서 "얘야, 밥 먹자." 하며 식권을 나누어 준다면 얼마나 좋을까 생각하곤 합니다. 우리 가정의 좋은 일들을 교회에서 주일을 준비하는 사람들과 함께 나눌 수 있다면 얼마나 근사한 일일까 생각합니다. 내게 기쁨이 있을 때에 기쁨을 나누는 일은 하나님의 사람들이 누릴 수 있는 최고의 기쁨이 아닐는지요? 아니면 여유가 있으신 분들은 누구나 와서 먹어도 좋다고 초청한다면 좋지 않을까 그런 생각도 해 봅니다.

넷째, 배고프고 가난한 자를 구제하는 일을 합니다. 기쁜 날 내 곁에 고통당하는 사람이 있어서는 안 된다는 것입니다. 성경은 그런 구제는 하나님께 꾸어 주는 것이라고, 하늘에 보화를 쌓는 것이라고 말씀합니다. 많이 가진 자가 많은 책임을 감당하게 될 때에 반드시 하나님이 기억하시고 갚아 주실 것을 약속하고 있는 것입니다. 물론, 하나님이 갚아 주지 않으셔도 마땅히 우리가 해야 될 일들입니다.

4.
모르드개의 비문

신학자들은 모르드개가 딸처럼 키운 에스더를 늘 앞장세우고 존중했지만, 에스더서의 실제적인 주인공은 모르드개라고 말합니다. 그 이유 중 하나가 에스더서의 마지막 장인 10장, 에스더서 결론이 모르드개의 이야기로 끝나기 때문입니다.

"유다인 모르드개가 아하수에로 왕의 다음이 되고 유다인 중에 크게 존경받고 그의 허다한 형제에게 사랑을 받고 그의 백성의 이익을 도모하며 그의 모든 종족을 안위하였더라"(에 10 : 3).

이는 일종의 모르드개의 비문입니다.
"그는 잡초를 뽑고 꽃을 심다 떠난 사람이다." 이깃은 아브라함 링컨(Abraham Lincoln)이 평소에 '자신이 세상을 떠났을 때 사람들로부터 가장 듣고 싶어 했던 말'이라고 합니다.

영국의 극작가 버나드 쇼(George Bernard Shaw)는 "I knew if I stayed around long enough, something like this would happen."이라는 묘한 비문을 남겼는데, 이에 대한 해석으로 "어영부영하다가 내가 이럴 줄 알았지." 또는 "오래 살다 보면 이런 일(죽음)이 생길 줄 내가 알았지."로 번역하기도 합니다.

이 나라에 복음을 전하기 위해 왔던 선교사님 부부가 있었습니다. 선교사님의 사모님은 이국땅에서 약해진 몸으로 아기를 낳았는데, 아이가 죽고 말았습니다. 조그마한 돌멩이 하나에 이런 비문이 새겨져 있습니다.

"Oh, my baby, girl"(내 불쌍한 아가야, 딸아.)

지난 시간 동안 아름다운 기도의 순간을 함께할 수 있어서 행복하고 감사했습니다. 하나님은 우리의 부르짖음을 외면하지 아니하시고 응답하고 계심을 봅니다.

더불어 미북정상회담을 통하여 엄청난 선언이 우리 가운데 들려지게 될 것입니다. 기도를 멈추지 않으면, 마지막 멋진 작품들이 우리 손에 의해서 꼭 이루어지게 될 것입니다.

ESTHER

어둔 시대
빛난 별,
에스더

초판발행	2018년 8월 30일
2쇄발행	2018년 9월 20일
기획·편찬	한소망교회
발 행 인	류 영 모
주　　소	경기도 파주시 경의로 983(파주시 야당동 486)
전　　화	(031)8071-6005 / (Fax)905-3004
홈페이지	www.hansomang.org
펴 낸 이	채 형 욱
펴 낸 곳	한국장로교출판사
주　　소	03129 서울시 종로구 대학로 19, 409호(연지동, 한국기독교회관)
전　　화	(02) 741-4381 / 팩스 741-7886
영 업 국	(031) 944-4340 / 팩스 944-2623
등　　록	No. 1-84(1951. 8. 3.)

ISBN 978-89-398-4320-2 / Printed in Korea
값 15,000원

※ 이 출판물은 저작권법에 의해 보호를 받는 저작물이므로 무단전재와 무단복제를 할 수 없습니다.